W0346002

Einführungsphase

Biosphäre

Lösungen

Niedersachsen

Cornelsen

Biosphäre

Einführungsphase, Niedersachsen
Lösungen

Autorinnen und Autoren:
Astrid Agster, Reutlingen; Stefan Auerbach, Karlsruhe; Dr. Werner Bils, Tübingen; Robert Felch, Mögglingen; Christian Gröne, Lünen; Delia Nixdorf, Velbert; Dr. Horst Janz, Tübingen; Michael Jütte, Dortmund; Monika Pohlmann, Bergisch Gladbach; Gabriele Rupp, Stutensee; Dr. Stephanie Schrank, Ulm; Dr. Ulrike Schiek, Landau/Pfalz; Dr. Matthias Stoll, Tübingen; Joachim Becker, Dormagen; Martin Post, Arnsberg; Michael Szabados, Denzlingen; Prof. Dr. Anke Meisert, Hildesheim; Volker Wiechern, Bochum

Redaktion: Ina Albrecht, Dr. Matti Baumann, Dr. Claudia Kleinhans

Designberatung: Katharina Wolff-Steininger, Ellen Meister

Layout und technische Umsetzung: zweiband.media, Berlin

Umschlaggestaltung: SOFAROBOTNIK GbR, Augsburg & München

Grafik: Angelika Kramer, Stuttgart

Titelbild: Mikroskopische Aufnahme eines Lebermoos Sprosses im UV-Licht.
Science Photo Library / Magda Turzanska

www.cornelsen.de

1. Auflage, 1. Druck 2018

Alle Drucke dieser Auflage sind inhaltlich unverändert
und können im Unterricht nebeneinander verwendet werden.

Druck: H. Heenemann, Berlin

ISBN 978-3-06-015779-2

PEFC/04-31-1156

PEFC zertifiziert
Dieses Produkt stammt aus nachhaltig bewirtschafteten Wäldern und kontrollierten Quellen.

www.pefc.de

INHALTSVERZEICHNIS

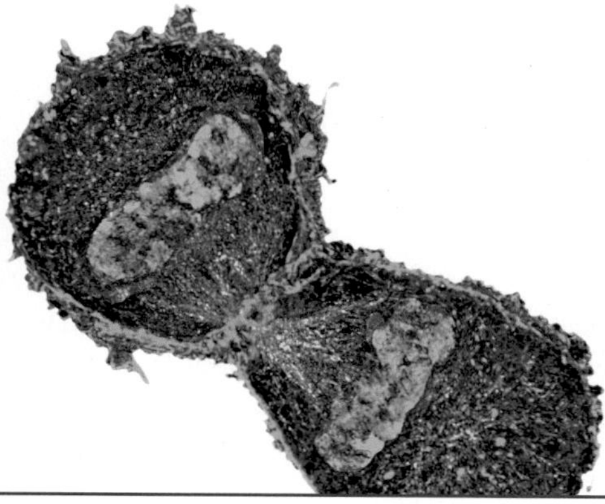

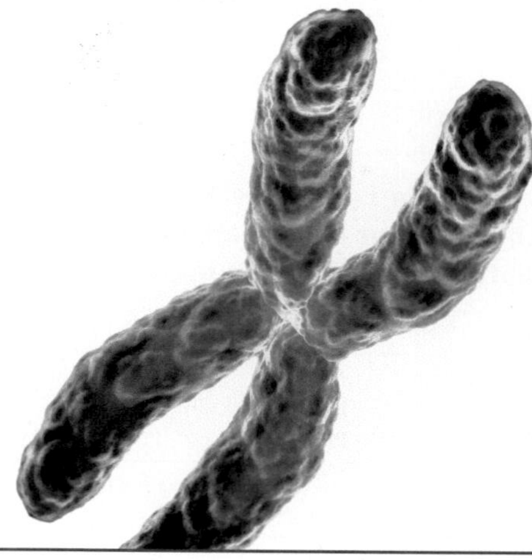

Struktur und Funktion von Zellen

1 Die Zelle

Zellen – faszinierende Akteure des Lebens

Seite 8–10

1 Stellen Sie in Form einer Tabelle Zusammenhänge zwischen Struktur und Funktion der Muskelzellen, roten Blutzellen und Geschlechtszellen dar!

Zelltyp	Struktur	Funktion
Muskelzellen	enthalten langgestreckte Proteinfäden	verkürzen sich mithilfe dieser Proteinfäden
Rote Blutzellen	abgeflachte Form, verformbar	passieren auch enge Kapillare
Geschlechtszellen	Zellkern enthält halbierte Erbanlagen	Durch die Verschmelzung zweier Geschlechtszellen werden zwei halbe Erbanlagen kombiniert.

2 Nennen Sie Beispiele für die einzelnen Organisationsebenen bei Tier und Pflanze!

Organisations-ebene	Tier	Pflanze
Zellbestandteil	Mitochondrium	Chloroplast
Zelle	Epithelzelle	Palisadenzelle
Gewebe	Darmepithel	Palisadengewebe
Organ	Dünndarm	Blatt
Organsystem	Verdauungstrakt	–
Organismus	Mensch	Pflanze

Seite 11 (Material)

Material A – Zellquiz

A1 Ordnen Sie die Fotos A–G den folgenden Präparaten zu: Leber, Knorpel, Kartoffel, Stängel einer Sonnenblume, menschliche Haut, Kork, Holz!

A = Stängel einer Sonnenblume
B = Knorpel
C = Kartoffel
G = Leber
D = Kork
E = Menschliche Haut
F = Holz

A2 Entscheiden Sie, welche der Fotos mehrere Zelltypen zeigen!
A, E, F

Vom mikroskopischen Bild zum Zellmodell

Seite 12–13

1 Beschreiben Sie Schritte der Entwicklung zweidimensionaler und dreidimensionaler Zellmodelle auf der Grundlage mikroskopischer Analysen!
Die Entwicklung zweidimensionaler Zellmodelle erfolgt durch die Identifikation typischer Merkmale von Zellen, indem verschiedenen Zellen miteinander verglichen werden. Die als typisch identifizierten Merkmale werden in das Modell übernommen; die von Zelle zu Zelle variierenden Merkmale nicht.
Bei der Entwicklung dreidimensionaler Zellmodelle kommt hinzu, dass Bilder unterschiedlicher Ebenen der Zelle kombiniert werden, um die räumliche Anordnung der Strukturen im Modell darstellen zu können.

2 Erläutern Sie, was man unter Modellkritik versteht!
Modelle betonen stets bestimmte Aspekte der realen Strukturen oder Prozesse, sodass sie sich von der Realität unterscheiden. Um diese Differenzen zwischen Modell und Realität zu verstehen, müssen diese in Form einer Modellkritik reflektiert werden.

Seite 15 (Material)

Material A – Plasmaströmung

A1 Bestimmen Sie den Kontrollansatz im Experiment und begründen Sie dessen Notwendigkeit!
Hinweis: Im Schulbuch (1. Auflage, 1. Druck 2018) hat sich an dieser Stelle leider ein Fehler, in Form einer falschen Frage, eingeschlichen.

A2 Betrachten Sie die Abbildungen A und B und identifizieren Sie Veränderungen innerhalb der Zellen, die auf eine Bewegung des Zellplasmas zurückgeführt werden können!
Nahezu alle Chloroplasten haben ihre Lage verändert. Da diese im Zellplasma liegen, kann dies auf die Plasmaströmung zurückgeführt werden.

A3 Entwickeln Sie eine Darstellungsweise, die die Bewegung innerhalb der Zelle dokumentiert!

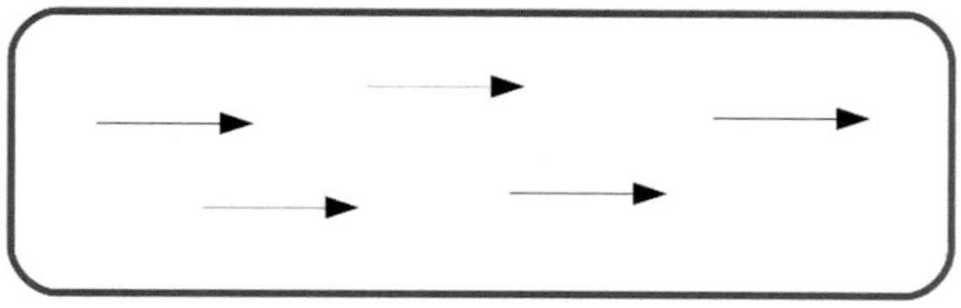

A4 Abbildung C zeigt zwei Modelle der Plasmaströmung in pflanzlichen Zellen. Vergleichen Sie Ihre Darstellung der Bewegungen in einer Wasserpestzelle aus A2 mit diesen Modellen! Beurteilen Sie, inwieweit die Modelle und ihre Darstellungen übereinstimmen oder voneinander abweichen!

Die eigene Darstellung zeigt nur eine einfache Bewegungsrichtung, ist hierbei aber nicht auf eine bestimmte Ebene der Zelle bezogen. Die dargestellten Modelle zeigen hingegen eine bestimmte Ebene und unterscheiden sich vor allem durch die Präsenz der Vakuole. Diese führt einmal zu einer umlaufenden Plasmaströmung (Modell oben) und einmal zu einer Plasmaströmung zwischen unterschiedlichen Vakuolenelementen (Modell unten). Die einheitliche Ausrichtung der Plasmaströmung in der eigenen Darstellung entspricht tendenziell dem Modell der randständigen Strömung.

A5 Plasmaströmung in Wasserpestzellen nimmt unter Belichtung zu und bei Dunkelheit ab. Entwickeln Sie zwei unterschiedliche Hypothesen zu diesem Phänomen!

Hypothese 1: Das Licht löst die Plasmaströmung direkt aus.

Hypothese 2: Die Plasmaströmung ist von der Fotosyntheseleistung abhängig, sodass die Strömung bei Dunkelheit abnimmt.

Material B – Analogmodell Wohnung

B1 Stellen Sie Ähnlichkeiten beziehungsweise Entsprechungen zwischen einer Wohnung und einer Zelle her und notieren Sie diese in Form einer Tabelle!

Wohnung	Zelle
Zimmer	Kompartimente
Wände	Membranen
Einrichtungen der Zimmer	Zusammensetzung der Kompartimente
Nutzung der Zimmer	Funktion der Kompartimente

B2 Diskutieren Sie die Analogie zwischen Zelle und Wohnung! Worin liegen Chancen dieses Vergleichs und worin Grenzen?

Die Analogie zeigt, dass voneinander abgegrenzte Räume unterschiedliche Funktionen erfüllen können und dass diese unterschiedlichen Funktionen mit unterschiedlichen Strukturen einhergehen.

Ein solches Analogmodell ist dazu geeignet, das komplexe System der Zelle mit dem bekannten System der Wohnung gleichzusetzen. Als Ergebnis ist es einfacher, sich bestimmte Funktionen von Zellbestandteilen begreiflich zu machen.

Dennoch ist zu beachten, dass die Analogie zwischen Zelle und Wohnung nur in einem eingeschränkten Bereich zutreffend ist. Nicht alle Inhalte einer Wohnung können mit Strukturen in der Zelle gleichgesetzt werden.

Moderne mikroskopische Verfahren

Seite 16–18

1 Erläutern Sie für die verschiedenen Mikroskopierverfahren die Notwendigkeit der jeweiligen Präparationsmethoden!

Für die Lichtmikroskopie können Lebendpräparate hergestellt werden. Sie müssen entweder durchstrahlt werden können oder bei Bestrahlung mit bestimmtem Laserlicht fluoreszieren.

Werden fixierte Zellen für Lichtmikroskope und Elektronenmikroskope verwendet, müssen Fixiermittel und Färbemittel so beschaffen sein, dass keine Artefakte entstehen. Das heißt, dass der Zustand eines Präparats möglichst exakt dem in der lebenden Zelle zum Zeitpunkt ihres Abtötens entsprechen muss. Für das Lichtmikroskop müssen Fixierungen und Färbungen eine gewisse Haltbarkeit aufweisen, wenn die Präparate über einen längeren Zeitraum aufbewahrt werden sollen. In Elektronenmikroskopen herrscht ein Vakuum. Daher müssen die Präparate stabil fixiert werden, sodass sie das Vakuum aushalten.

Da wegen der geringen Durchdringungstiefe der Elektronenstrahlen im TEM besonders dünne Schnitte angefertigt werden müssen, müssen die Präparate so fest sein, dass exakte Schnitte durchgeführt werden können. Aufgrund des geringen Kontrasts elektronenmikroskopischer Bilder können Kontrastierungsmittel eingesetzt werden, die die Elektronenstrahlen nicht durchdringen können. Diese Mittel müssen mit vorhersagbaren Reaktionen mit bestimmten Stoffen in der Zelle reagieren, sodass man dann auf das Vorhandensein dieser Stoffe schließen kann.

Die Bruchflächen der Präparate für das REM, die nach Gefrierfixierung geschnitten werden, müssen mit Metallatomen bedampft werden. Das erzeugte Bild entsteht dadurch, dass die von diesen Metallatomen reflektierten Elektronenstrahlen detektiert werden.

Zusatzinformation: Für weitere Mikroskopier- und Präparationsverfahren bietet sich hier eine Rechercheaufgabe an.

2 Erläutern Sie die Vorteile der Fluoreszenzmikroskopie!
Mit dem Fluoreszenzmikroskop kann man in einer lebenden Zelle sehen, wo sich fluoreszierende Stoffe, die man in der Zelle sucht, gerade befinden. Wenn die Stoffe selbst nicht fluoreszieren, kann man sie mithilfe von Antikörpern mit fluoreszierenden Molekülen verbinden und dann indirekt finden. So kann man mehrere verschiedene Stoffe in einer Zelle suchen und lokalisieren. Dabei ist es mit einem besonderen Fluoreszenzmikroskop, dem STED-Mikroskop, sogar möglich, einzelne Moleküle aufzuspüren.

Seite 19 (Material)

Material A – Mitochondrien bei verschiedenen mikroskopischen Verfahren

A1 Beschreiben Sie den in den Abbildungen A bis C sichtbaren Bau der Mitochondrien!
Mitochondrien sind mehr oder weniger längliche Zellbausteine. Im lichtmikroskopischen Bild (*Abbildung A*) sind keine weiteren Details auszumachen. Sie haben eine äußere Hülle, die im elektronenmikroskopischen Bild (*Abbildung B*) zu sehen ist. Der innere Bau zeigt hier eine gleichmäßig strukturierte Grundsubstanz, die von mehreren Doppellinien durchzogen wird, die Kontakt zur Hülle des Mitochondriums haben, aber im Innern des Mitochondriums enden. Auch die Hülle des Mitochondriums ist eine Doppellinie. Der Inhalt und die Hülle des Mitochondriums lassen sich mithilfe von durch Fluoreszenzfarbstoffe markierten Proteinen auch am Fluoreszenzmikroskop beobachten (*Abbildung C*).

A2 Erläutern Sie die besonderen Beiträge der jeweils eingesetzten mikroskopischen Verfahren zur Kenntnis über den Bau der Mitochondrien!
Das Licht- und das Fluoreszenzmikroskop liefern Bilder von Mitochondrien in lebenden Zellen. Sie können also auch Formveränderungen direkt abbilden. Insbesondere die Teilung und Fusion von Mitochondrien ist bei toten Zellen schwer nachweisbar. Im Fluoreszenzmikroskop kann man bestimmte Stoffe, die den Bau oder den Inhalt eines Mitochondriums betreffen, lokalisieren und damit ihre Beteiligung am Aufbau des Mitochondriums belegen. Im Elektronenmikroskop sieht man viele Details und feine Strukturen, von denen man aber nicht direkt erschließen kann, welche Aufgaben sie haben.

A3 Nennen Sie die wesentlichen Neuerungen, die das STED-Mikroskop auszeichnen!
Das STED-Mikroskop ist ein Fluoreszenzmikroskop, das im Gegensatz zu herkömmlichen Fluoreszenzmikroskopen eine deutlich höhere räumliche Auflösung ermöglicht. Im Gegensatz zum Elektronenmikroskop ist es jedoch auch bei lebenden Zellen anwendbar. Daher lassen sich mithilfe des STED-Mikroskops kleinere Zellbestandteile bis hin zu einzelnen Molekülen lokalisieren.
Die verbesserte räumliche Auflösung wird ermöglicht, indem ein ringförmiger Laser einer anderen Farbe um den zur Aktivierung der fluoreszenten Moleküle genutzten Laser gelegt wird. Dies führt dazu, dass die äußeren fluoreszenten Moleküle ihre Energie anders abgeben als durch fluoreszente Strahlung und nur die Moleküle im Zentrum leuchten.

A4 Begründen Sie am Beispiel der Mitochondrien, dass technischer Fortschritt zwar neue Erkenntnismöglichkeiten liefert, aber alte Techniken dadurch nicht veraltet sind!
Die jüngste Technik ist die STED-Mikroskopie. Sie liefert Informationen über lebende Zellen und die genaue Lage von Molekülen in der lebenden Zelle. Die ältere Elektronenmikroskopie liefert Informationen über den exakten Bau von Feinstrukturen. Erst beide zusammen liefern die Information, welche Feinstrukturen in der Zelle welche Moleküle beinhalten. Das Lichtmikroskop als die älteste Technik liefert das Übersichtsbild in der lebenden Zelle. Im STED-Mikroskop sieht man lediglich das, was fluoresziert oder mit Fluoreszenzfarbstoffen angefärbt ist. Zumindest zur Orientierung in der Zelle sind Lichtmikroskope weiterhin hilfreich. Darüber hinaus bilden sie die echten Farben der Objekte ab. Die Bewegung und die Fusion von Mitochondrien wurde von lichtmikroskopischen Erkenntnissen abgeleitet. Daher können vollständige Informationen über Zellbestandteile wie die Mitochondrien lediglich durch die Kombination der unterschiedlichen Verfahren erhalten werden.

Feinbau der Zelle

Seite 20–22

1 Erläutern Sie, wie verschiedene Vorgehensweisen und Techniken dazu beitragen, den Feinbau der Zelle zu erkennen!
Die grundlegende Idee ist die Bilder, die man mit verschiedenen Techniken gewonnen hat, zu vergleichen, um so einander ergänzende Informationen zu erhalten. Die verschiedenen hier verwendeten Techniken sind die Lichtmikroskopie, die Fluoreszenzmikroskopie und die Elektronenmikroskopie, sowie deren Kombination mit entsprechenden Färbemethoden.
Das Durchlichtmikroskop ermöglicht die Untersuchung lebender Objekte und bildet diese in ihren natürlichen Farben ab. Es ist besonders geeignet, um sich eine Übersicht zu verschaffen und die größeren Teile einer Zelle, zum Beispiel den Zellkern oder das Mitochondrium, zu beob-

achten. Mit geeigneten Färbemethoden lassen sich zusätzlich bestimmte Bereiche anfärben und so nähere Informationen gewinnen, wie beispielsweise Regionen mit Euchromatin oder Heterochromatin.
Das Elektronenmikroskop, bei dem das Präparat statt mit Licht mit Elektronen bestrahlt wird, liefert im Vergleich hierzu wesentlich detailreichere Aufnahmen. Es ermöglicht somit, die Struktur der Zelle und ihrer Elemente deutlich genauere zu untersuchen und zum Beispiel das mit Ribosomen besetzte ER zu erkennen. Es erfordert jedoch die Fixierung der Zellen und funktioniert daher nicht bei lebenden Zellen.
Im Gegensatz zum Elektronenmikroskop kann auch das Fluoreszenzmikroskop bei lebenden Objekten verwendet werden. Um einzelne Stoffe in der Zelle sichtbar zu machen, die nicht von selbst fluoreszieren, können die Moleküle vieler Stoffe mit fluoreszenten Molekülen verbunden werden. Auf diese Art können Komponente unterschiedlicher Strukturen, beispielsweise die Mikrotubuli des Zytoskeletts, gezielt sichtbar gemacht und deren Zusammensetzung weiter aufgeklärt werden.
Durch die Kombination von Bildern verschiedener Ebenen einer Zelle lässt sich schließlich auch ein dreidimensionales Bild gewinnen.
Auf der Basis des Konzepts, dass Strukturen und Funktionen zueinander passen, kann man außerdem Hypothesen erstellen. Eine solche Hypothese ist zum Beispiel, dass die Dictyosomen etwas mit der Sekretbildung zu tun haben, weil sie immer in der Nähe von Vesikeln und Sekretbläschen zu finden sind.
Zusatzinformation: Es ist unter Umständen sinnvoll, den Schülerinnen und Schülern eine Wortliste als Hilfe anzubieten: Techniken, Vergleich nach Kriterien, Kombinieren verschiedener Bilder, Hypothesen zu Struktur und Funktion.

2 Fassen Sie das Wissen zu Zellen zusammen!
Zellen sind umgeben und durchzogen von vielen Membranen. Membranen begrenzen Zellbestandteile. Manche Zellbestandteile, zum Beispiel Zellkern, Mitochondrium und Chloroplast, haben doppelte Membranen. Weitere Organellen sind ER, Dictyosomen, Vesikel, Vakuole, Ribosom und das Zytoskelett. Der Zellkern enthält aktive Erbsubstanz, das Euchromatin, und inaktive, das Heterochromatin. Das ER durchzieht einen großen Teil der Zelle. Dictyosomen finden sich häufig in der Nähe von Vesikeln. Mitochondrien und Chloroplasten sind im Innern durch Membranen stark untergliedert. In beiden Fällen ist dies auf Einstülpungen der inneren Membran zurückzuführen.

Seite 23 (Material)

Material A – Zellkernhülle und Endoplasmatisches Retikulum

A1 Beschreiben Sie den Bau der Hülle um den Zellkern!
Die Hülle um den Zellkern besteht aus zwei Membranen. Dies wird auch in der Abbildung deutlich. Durch die beiden Pfeile wird auf Besonderheiten hingewiesen. In der Kernhülle gibt es Lücken. Auf eine davon deutet der kleine Pfeil in der Abbildung. Der Bau der beiden Membranen ist darüber hinaus unterschiedlich. Die innere Kernmembran ist glatt, die äußere trägt denselben körnchenförmigen Besatz wie die Membran des ER, welcher aus Ribosomen besteht. Auf die Membran des ER zeigt der größere Pfeil.

A2 Beschreiben Sie den Bau des Endoplasmatischen Retikulums! Nehmen Sie die Abbildungen 03 und 04 auf Seite 21 zu Hilfe!
Das ER durchzieht die Zelle und ist in der Nähe des Zellkerns zisternenförmig und am Rand der Zelle eher fädig. Innen- und Außenseiten der Membranen lassen sich durch den Besatz mit Ribosomen unterscheiden. Diese befinden sich lediglich auf der Außenseite. In den Abbildungen ist außerdem auch der Übergang der äußeren Kernmembran in das ER zu erkennen.

A3 Beschreiben Sie, wie die Hülle um den Zellkern und das Endoplasmatische Retikulum zusammenhängen!
Die äußere Membran der Zellkernhülle geht in eine Membran des ER über, ist also direkt damit verbunden. Die innere Membran der Zellkernhülle hat keine direkte Verbindung zu einer ER-Membran. Der Zwischenraum zwischen den beiden Kernmembranen geht in den Zwischenraum des ER über, ist also mit ihm verbunden.

A4 Erstellen Sie eine Hypothese darüber, inwieweit der Inhalt des Zellkerns an der Bildung von Protein in der Zelle beteiligt ist!
Die Ribosomen sind die Orte, an denen Proteine direkt gebildet werden. Da die innere Membran des Kerns nicht mit Ribosomen besetzt ist, ist es unwahrscheinlich, dass hier Proteine entstehen. Im elektronenmikroskopischen Bild zur Aufgabe ist der innere Bereich des Zellkerns körnig. Was diese Körner darstellen, ist nicht klar. Diese könnten Teile des Eu- oder Heterochromatins sein, welches den Zellkern ausfüllt, einige könnten aber auch Ribosomen sein. Das bisherige Wissen gibt keine Grundlage zur endgültigen Entscheidung.

Material B – Endoplasmatisches Retikulum, Golgi-Apparat und Vesikel

B1 Beschreiben Sie genau die Lage von ER, Vesikeln und Golgi-Apparat zueinander!

Im Bild liegt im unteren linken Teil das ER, wie am Besatz der Membran durch Ribosomen zu erkennen ist. Im Zentrum des Bildes finden sich die Dictyosomen des Golgi-Apparates. Sowohl zwischen ER und Golgi-Apparat, als auch im daran anschließenden Zellplasma, sind zahlreiche Vesikel zu finden. Während die Vesikel zwischen ER und Golgi zum großen Teil leer (weiß) erscheinen, sehen die Vesikel im äußeren Bereich der Zelle gefüllt (gräulich) aus und könnten Sekretbläschen darstellen.

Zusatzinformation: Da die verschiedenen Strukturen im Bild für das ungeübte Auge schwer zu erkennen sind, bietet es sich an, soweit möglich, diese im Bild entsprechend zu beschriften.

B2 Stellen Sie eine Hypothese auf, indem Sie die abgebildete Situation als eine Ereignisfolge beschreiben

Ausgehend von der Folge ER, Vesikel, Dictyosom, Sekretbläschen kann die Vermutung, dass die Dictyosomen an der Sekretbildung beteiligt sind, erweitert werden. Wahrscheinlich kann im ER etwas gebildet werden und über die Vesikel zu den Dictyosomen gelangen, wo schließlich der Sekretstoff entsteht. Da am ER Ribosomen vorkommen, die Proteine bilden, könnte der weitergegebene Stoff ein Protein sein.

Zusammenwirken von Zellbestandteilen

Seite 24–26

1 Erläutern Sie am Beispiel der Proteinbildung in Zellen, wie sich Erkenntnisse aus In-vivo- und In-vitro-Experiment ergänzen!

Am Beispiel der Untersuchung der Proteinbildung in den Leberzellen der Ratte zeigt das In-vivo-Experiment, dass die radioaktiven Aminosäuren in einer lebenden Zelle kurz nach deren Eintritt in die Zelle zunächst am ER zu finden sind. Zellkerne und Mitochondrien sind nicht radioaktiv, sind also nicht die Stellen, an denen die Aminosäuren zuerst ankommen. Ob am ER auch Proteinsynthese stattfindet, lässt sich mit dem In-vivo-Experiment nicht entscheiden. Erst mit dem In-vitro-Experiment kann dies bewiesen werden. Es zeigt darüber hinaus, dass zur Proteinbildung ATP nötig ist, das in den Mitochondrien gebildet wird. Dadurch, dass die Aminosäuren auch im In-vitro-Experiment lediglich am ER mit seinen Ribosomen verarbeitet werden, bestätigt das In-vivo-Experiment, dass im Reagenzglas wahrscheinlich dieselben Reaktionen ablaufen wie in der lebenden Zelle.

2 Stellen Sie den Erkenntnisfortschritt zur Funktion von Zellbestandteilen mit eigenen Worten dar!

Durch Experimenten mit Zellbestandteilen, die aus der Rattenleber mithilfe der Zentrifugation isoliert wurden, konnte festgestellt werden, dass Proteine wahrscheinlich an Ribosomen am ER gebildet werden. Die benötigte Energie wird durch die Reaktion von ATP zu ADP plus Phosphat geliefert. Das dabei umgesetzte ATP wird vorher in den Mitochondrien gebildet. Weitere Beobachtung der zeitabhängigen Lokalisation radioaktiv markierter Proteine am Elektronenmikroskop, zeigten am Beispiel des Insulintransports, dass ein Weitertransport vom ER über Vesikel zu den Dictyosomen und anschließend den Sekretbläschen erfolgt.

Die Hypothese vom Transportweg ER → Vesikel → Dictyosom → Sekretbläschen wird damit unterstützt.

Durch diese Versuche wurde die Kenntnis, dass in der Zelle Proteine gebildet werden und hierfür Energie bereitgestellt wird, um die die Beiträge der Verschiedenen Zellbestandteile erweitert. Die Kenntnis über Funktionen in der Zelle ist also präzisiert worden.

Seite 27 (Material)

Material A – Quergestreifte Muskulatur – Energetische Kopplung

Hinweis: Im Schulbuch (1. Auflage, 1. Druck 2018) ist die Beschriftung F in der Abbildung leider nicht korrekt plaziert.

A1 Beschreiben Sie den auffälligen Bau der abgebildeten Muskelzellen! Gehen Sie dabei auf die Anzahl und Anordnung der verschiedenen Zellbestandteile ein!

Die abgebildeten Muskelzellen bestehen aus sich wiederholenden Strukturelementen. Man kann den Inhalt in Bereiche einteilen. Ein typischer Bereich ist in Längsrichtung des Muskels mit parallelen Linien gefüllt, die allerdings eine begrenzte Länge haben. Parallel dazu, durch eine aufgereihte Folge von Mitochondrien getrennt, wiederholt sich dieser Bereich. Dieser Eindruck wird dadurch unterstützt, dass quer zur Längsrichtung des Muskels kurze Querstreifen verlaufen, die sich in jedem der eben genannten Bereichen auf derselben Höhe befinden. Die eben genannten parallelen Linien sehen darüber hinaus charakteristisch aus. In der Nähe der Querstreifen erscheinen sie hell, in der Mitte eines Feldes zwischen zwei Querstreifen werden sie dunkler, mit einem noch dunkleren Bereich in der Mitte. Da die parallelen Linien Aktinfilamente abbilden und zwischen ihnen weitere Proteinfilamente liegen, wird die unterschiedliche Färbung dieses Bereichs der Zelle mit den zusätzlichen Filamenten zusammenhängen. Es gibt damit ganz viele parallele und durch die Querstreifen in Serie gehaltene Aktin- und Proteinfilamente und parallel dazu, in nahezu gleichmäßigen Abständen, Reihen von Mitochondrien, die dicht an die Filamente anschließen. An einigen Stellen gibt es zwischen den Mitochondrien weitere Zellbestandteile. Einer der Aktinfilamentbereiche wird teilweise vom ER durchzogen.

A2 Erläutern Sie mithilfe von Kenntnissen zur energetischen Kopplung das Zusammenwirken der verschiedenen Kompartimente in einer Muskelzelle!
Die Kontraktion der Muskelzellen ist davon abhängig, dass ATP zu den Filamenten gelangt. Dort finden chemische Reaktionen statt, bei denen ATP zu ADP und Phosphat reagiert. Diese Reaktionen sind mit den Reaktionen im Mitochondrium energetisch gekoppelt, bei denen ATP entsteht. Also muss ADP von den Filamenten in ein Mitochondrium gelangen, sowie ATP aus dem Mitochondrium zu den Filamenten. Das ist in der Muskelzelle dadurch gut möglich, dass die Mitochondrien sehr nahe an den Filamenten liegen. Die Aktinfilamente und weitere Proteinfilamente sind wie das Zytoskelett Bestandteile des Kompartiments Zellplasma. Das ATP benötigt zu seiner Herstellung das Kompartiment Mitochondrium. Zwei eng zusammenarbeitende Funktionsbestandteile der Zelle sind also zwei verschiedenen Kompartimenten zugeordnet. Daher ist es sinnvoll, dass diese Kompartimente in der Zelle räumlich nah beieinanderliegen, wie es in den Muskelzellen der Fall ist.

Material B – Gewinnung von Zellbestandteilen – Funktion der Chloroplasten

B1 Erläutern Sie, unterstützt durch eine Skizze, wie Sie aus Spinatblättern eine Chloroplastensuspension erhalten!

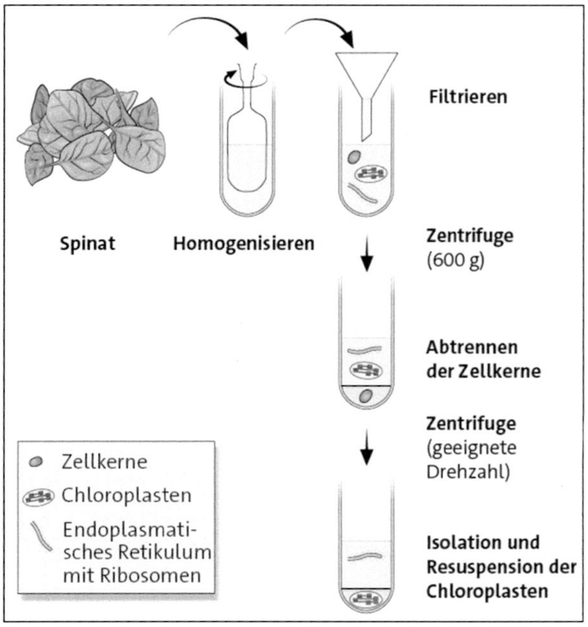

Die Spinatblätter werden zerkleinert, grobe Teile abgefiltert, der Rest homogenisiert und dann schrittweise zentrifugiert. Aus einem geeigneten Zentrifugationsschritt entnimmt man das Sediment und erhält eine Chloroplastensuspension.

B2 Planen Sie ein Experiment, in dem nachgewiesen wird, dass die Chloroplasten in der Suspension noch funktionsfähig sind!
Da die Chloroplasten Fotosynthese betreiben, kann man mithilfe eines Experiments feststellen, ob in der Fraktion, die man wegen der grünen Farbe für die Chloroplastensuspension hält, auch intakte Chloroplasten enthalten sind. Wenn das Experiment gelingt, muss bei Belichtung Sauerstoff gebildet werden. Ist dies der Fall können die Chloroplasten in der Suspension nachgewiesen werden.

B3 Planen Sie ein In-vitro-Experiment für den Nachweis, dass die Thylakoide für die Sauerstoffbildung bei der Fotosynthese benötigt werden!
Man macht ein analoges Experiment zu B1, bei dem die Chloroplasten aufgebrochen und homogenisiert werden und durch Zentrifugation die Thylakoide von den restlichen Zellbestandteilen getrennt werden. Auch hier wird ein geeigneter Versuch benötigt, der die Funktion der Thylakoide testet. Darüber hinaus ist es aber nötig, die Thylakoide zu identifizieren, wenn sie nicht grün sind. Man könnte ein elektronenmikroskopisches Präparat aus jeder der Fraktionen, die durch Zentrifugation aus der Chloroplastensuspension gewonnen wurden, machen und kontrollieren, wo die Thylakoide vorkommen. Weitere Ideen sind möglich.

Struktur und Funktion der Zellbestandteile im Überblick

Seite 28–29

1 Vergleichen Sie Struktur und Funktion von Tier- und Pflanzenzelle!
Gemeinsamkeiten: Der innere Bau von Tier- und Pflanzenzelle weist viele Gemeinsamkeiten auf. Die in beiden Zelltypen vorhandenen Zellbestandteile sind Zellplasma, Zellmembran, Zellkern, ER, Mitochondrien, Ribosomen, Dictyosomen, Peroxysomen, Lysosomen und bestimmte Bestandteile des Zytoskeletts. Deren Funktionen sind in beiden Zelltypen gleich. Sie bewirken, dass die jeweils benötigten chemischen Reaktionen stattfinden und Stoffe an die richtigen Stellen in der Zelle transportiert werden. Energie wird durch ATP bereitgestellt, das in den Mitochondrien bei der Verarbeitung energiereicher Stoffe produziert wird.

Unterschiede: Der äußere Bau einer Pflanzenzelle wird durch ihre Zellwand bestimmt, welche bei einer tierischen Zelle fehlt. Im Inneren von pflanzlichen Zellen gibt es zusätzlich zwei Zellorganellen, die Vakuole und die Chloroplasten. Die Vakuole speichert oder entsorgt Stoffe. Ihr Innendruck hält die Pflanzenzelle in Form. Im Chloroplasten erfolgt die Fotosynthese. Dadurch erhält eine Pflanzenzelle energiereiche Stoffe, die sie nicht wie eine Tierzelle von außen aufnehmen muss. Über Durchbrüche in den Zellwänden ist das Zellplasma benachbarter pflanzlicher Zellen miteinander verbunden. Diese Plasmabereiche heißen Plasmodesmen und enthalten Teile des ER, sodass sich dieses von einer Zelle in die benachbarte Zelle erstreckt und Stoffe von einer Zelle zur Nachbarzelle transportiert werden können.
In tierischen Zellen gibt es lediglich einen spezifischen Zellbestandteil, das Zentrosom. Es ist Teil des Zytoskeletts und bildet bei der Kernteilung die Mitosespindel.

2 Struktur und Funktion von Biomembranen

Biomembranen – verformbare Grenzen

Seite 30–33

1 Erläutern Sie die Bedeutung der amphipathischen Eigenschaften der Membranlipide für den Aufbau der Biomembran!
Das Vorhandensein einer unpolaren und polaren Molekülregion ermöglicht eine zweischichtige Anordnung der Membranlipide mit einer hydrophilen Kontaktfläche zur Wasserseite sowie einer stabilisierenden und barrierebildenden, hydrophoben Schicht in der Mitte.

2 Beschreiben Sie das Fluid-Mosaik-Modell der Biomembran!
Das Fluid-Mosaik-Modell der Biomembran beschreibt eine Doppellipidschicht, in die unterschiedliche Membranproteine eingelagert sind. Transmembranproteine durchziehen die gesamte Membrandicke, andere integrale Proteine sind nur in einer der beiden Lipidschichten verankert. Zusätzlich können periphere Membranproteine der Doppellipidschicht von außen aufliegen. Weiterhin können Membranlipide und -proteine Kohlenhydratketten tragen und werden dann als Glykoproteine oder Glykolipide bezeichnet. Membranlipide und -proteine sind lateral mobil, sodass die Membran einen fluiden Charakter hat und verformbar ist.

Seite 34–35 (Material)

Material A – Indirekter Nachweis der Membranbestandteile

A1 Erläutern Sie die Funktion der aufgeführten Durchführungsschritte! Erstellen Sie dazu eine Tabelle!
Tabelle siehe rechte Spalte.

Schritt	Funktion
1	Diffusion der Reagenzien zu den Zellen durch kürzere Diffusionsstrecken bzw. größere Oberfläche verbessern.
2	Freigesetztes Farbmoleküle aus angeschnitten Zellen auswaschen (mögliche Störvariable).
3	Reagenzien mit lösender bzw. strukturverändernder Wirkung auf die zu untersuchenden Stoffgruppen einzeln einsetzen, um deren Wirkung beobachten zu können (Experimentalansätze). Ansatz mit reinem Wasser, um auch weiteren Farbaustritt ohne Reagenzien beobachten und als Vergleich (Kontrollansatz) heranziehen zu können.
4	Farbaustritt aus den Vakuolen durch spezifische Wirkung der Reagenzien feststellen und mit Kontrollansatz vergleichen können (Messgröße erfassen).

A2 Deuten Sie die Ergebnisse zu den drei Versuchsansätzen! Formulieren Sie eine zusammenfassende Schlussfolgerung!
Die Antworten wurden hier tabellarisch zusammengefasst.

Ansatz	Deutung
A	Farbaustritt aus der Vakuole, da Membranlipide aus der Biomembran herausgelöst werden, sodass die Membran durchlässig wird und der Farbstoff austritt.
B	Farbaustritt aus der Vakuole, da Membranproteine verändert werden, sodass die Membran durchlässig wird und der Farbstoff austritt.
C	Da die Vakuole intakt bleibt, kommt es lediglich zu einer Auswaschung restlicher Farbmoleküle, die beim Schneiden ausgetreten sind.

Sowohl Lipide als auch Proteine sind am Aufbau der Biomembran beteiligt, sodass diese durchlässig wird, wenn eine dieser Stoffgruppen herausgelöst oder verändert wird.

A3 Erklären Sie, weshalb dieser Versuch als ein indirekter Nachweis bezeichnet wird!
Da die Membranbestandteile nicht direkt durch farbliche Markierung oder ähnliche Verfahren nachgewiesen werden, sondern dadurch, dass durch ihre Zerstörung der Vakuoleninhalt austritt; ist es ein indirekter Nachweis.

Material B – Anordnung von Membranproteinen in Biomembranen

B1 Die Skizzen zeigen einfache Schemata von Membranproteinen und ihren Oberflächeneigenschaften. Übertragen Sie beide Skizzen in Ihre Unterlage und ergänzen Sie passend angeordnete Membranlipide in Form einfacher Kopf- Schwanz-Symbole (=●)! Beachten Sie hierbei, dass die Membranproteine in unterschiedlichen Maßstäben dargestellt sind, sodass die Größe der Membranlipidmoleküle jeweils angepasst werden muss!

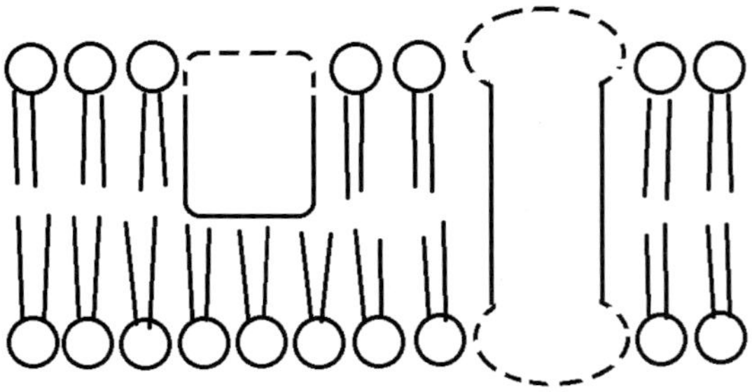

B2 Löst man die Lipide aus einer Biomembran heraus und überführt sie auf eine Wasseroberfläche, bildet sich dort ein einschichtiger Film aus Membranlipiden. Man vermutet, dass die Fläche des Films exakt doppelt so groß ist wie die ursprüngliche Membranfläche. Nehmen Sie Stellung zu dieser Vermutung!
Die Fläche des Films müsste kleiner sein, da in der Biomembran auch die integralen Membranproteine einen Teil der Fläche ausmachen fallen diese weg, verkleinert sich die Fläche und damit auch die Fläche des Films, der lediglich doppelt so groß ist wie die vorherige Membranfläche ohne Membranproteine.

Material C – Hybridzellen-Versuch

C1 Stellen Sie eine Hypothese auf, die mit dem beschriebenen Versuch überprüft werden kann!
Auch Membranproteine sind in der Biomembran lateral mobil.

C2 Beschreiben Sie das in der Abbildung A dargestellte Versuchsergebnis und überprüfen Sie Ihre Hypothese aus Aufgabe C1!
Die Hybridzelle weist einen Tag nach der Fusion eine gleichmäßig gemischte Verteilung der beiden Farbmarkierungen über den gesamten Zellkörper auf. Dies ist durch eine seitliche Verschiebung der markierten Membranproteine erklärbar, die direkt nach der Fusion auf die beiden Hälften der Hybridzelle verteilt waren und sich dann über die Zeit durch laterale Mobilität gleichmäßig verteilt haben. Die Hypothese ist somit durch diesen Versuch (vorläufig) bestätigt.

C3 Werten Sie die in den Abbildungen B und C dargestellten Versuchsergebnisse aus!
Abbildung A zeigt, dass die Durchmischung der Membranproteine von Mensch und Maus von der Temperatur abhängig ist. Während sich Mäuseproteine nach einem Tag bei 37 Grad Celsius über 100 % der Mosaikzelle verteilen, nimmt der Grad der Verteilung mit abnehmender Temperatur zunehmend stärker ab. Unterhalb von 15 Grad Celsius findet keine Verteilung statt.
In *Abbildung B* wird gezeigt bei welchem Anteil der Mosaikzellen sich die Mäuseproteine Verteilt haben. Während dies nach 5 Minuten noch bei keinen Zellen zu beobachten ist, sind es nach 10 Minuten etwa 5 %, nach 25 Minuten bereits 50 % und nach 40 Minuten etwa 90 %. Nach 2 Stunden ist bei allen untersuchten Zellen eine Verteilung der Mäuseproteine zu beobachten.
Die Umverteilung der Membranproteine auf der Zelloberfläche hängt also mit der Temperatur und der Zeit zusammen.

Material D – Positionswechsel von Membranlipiden

D1 Beschreiben Sie die in der Abbildung gezeigten Positionswechsel!
Die Bewegung links zeigt eine seitliche Verschiebung der Membranlipide, die auch als laterale Mobilität bezeichnet wird.
Die Bewegung rechts stellt einen Seitenwechsel zwischen den beiden Lipidschichten dar.

D2 Erklären Sie die unterschiedliche Häufigkeit der beiden Positionswechsel!
Die seitliche Verschiebung der Membranlipide findet häufiger statt, da die relative Position der hydrophilen und hydrophoben Regionen der Lipide zur Umgebung erhalten bleibt: Die polarhydrophile Kopfregion bleibt zur Wasserseite ausgerichtet, die unpolare Schwanzregion in die hydrophobe Mittelschicht der Membran.
Seitenwechsel sind eher selten, da hierbei der hydrophile Kopf eines Lipids durch die hydrophobe Schicht der Biomembran treten muss. Dieser Durchtritt ist durch die ungünstige Wechselwirkung zwischen polaren und unpolaren Molekülabschnitten sehr unwahrscheinlich.

Seite 36–37 (Im Blickpunkt Wissenschaftsgeschichte: Membranmodelle)

1 Beschreiben Sie ausgehend von den Abbildungen die historischen Modellvorstellungen zur Biomembran!
Die erste Modellvorstellung zur Biomembran basiert auf den Experimenten von Ernest OVERTON im Zeitraum von 1890 bis 1895. Irving LANGMUIR stellte die Biomembran im Jahr 1917 als Monolayer dar. In *Abbildung 01* ist erkennbar, dass die hydrophilen Köpfe der Lipidmoleküle nach dieser Vorstellung ins Wasser und die hydrophoben Schwänze der Lipidmoleküle in die angrenzende Luft ragen.
Evert GORTER und François GRENDEL entwickelten im Jahr 1925 das in *Abbildung 03* dargestellte Bilayer-Modell. Demnach besteht eine Biomembran aus zwei Moleküllagen, deren Köpfe voneinander weg in die wässrige Lösung der Zelle und die wässrige Lösung ihrer Umgebung ragen.
Abbildung 04 B zeigt das von Hugh DAVSON und James DANIELLI im Jahr 1935 entwickelte Modell zur Biomembran. Dieses basiert auf dem bekannten Bilayer-Modell. Auf beiden Seiten der Lipiddoppelschicht befinden sich dünne Proteinschichten. Das Modell wurde deshalb als Sandwich-Modell bezeichnet.
In den 1950er-Jahren wurde das Modell durch elektronenmikroskopische Aufnahmen bestätigt und von J. David ROBERTSON zur Einheitsmembran erweitert, indem er einen gleichartigen Aufbau aller Biomembranen annahm.

2 Erläutern Sie, weshalb sich die Modellvorstellungen verändert haben!
Die Veränderungen in der Vorstellung des Baues der Biomembran basieren auf den Erkenntnissen, die sich durch verbesserte technische Möglichkeiten im Laufe des 20. Jahrhunderts ergaben. Ernest OVERTON stellte seine Hypothese 1895 auf Basis konkreter Beobachtungen auf, der Geschwindigkeit, mit der unterschiedliche chemische Stoffe in Zellen eindringen können. Die daraus abgeleitete Lipidhypothese konnte von Irving LANGMUIR bestätigt werden, da es ihm gelang, einen Lipid-Monolayer auf einer Wasseroberfläche zu erzeugen und dessen Ausmaße zu bestimmen.
Evert GORTER und François GRENDEL entwickelten eine weitere Hypothese, da sie davon ausgingen, dass sich Zellen in einem wässrigen System befinden und die Membran demnach ein Bilayer sein müsse. Diese Hypothese konnten sie anhand ihrer Experimente mit Erythrozyten bestätigen. Deren Zellmembran nahm auf einer Wasseroberfläche die doppelte Fläche der berechneten Erythrozytenoberfläche ein.
Aufgrund des technischen Fortschritts kamen Zweifel am Bilayer-Modell auf. Die Befunde aus Experimenten zur Durchlässigkeit für chemische Stoffe, zum elektrischen Widerstand und zur Oberflächenspannung ließen sich nur mit einer erweiterten Modellvorstellung erklären. Hugh DAVSON und James DANIELLI formulierten auf Basis der neuen Erkenntnisse eine neue Hypothese zum Bau der Biomembran, das Sandwich-Modell. Dieses Modell wurde zwei Jahrzehnte später anhand elektronenmikroskopischer Aufnahmen bestätigt.
Die Weiterentwicklung der Mikroskopie, insbesondere der Fluoreszenzmikroskopie und der Rasterelektronenmikroskopie, aber auch neue Experimentiertechniken, ermöglichten es den Forschern, exaktere Erkenntnisse zum Bau der Biomembranen zu erlangen. So konnte man feststellen, dass die Proteine keine dünnen Schichten beidseits der Lipiddoppelschicht bilden, dass die Membrandicken sich unterscheiden und dass die Proteine teilweise in die Membran hineinreichen. Anhand farblicher Markierungen wurde deutlich, dass sich fusionierte Membranproteine von Maus und Mensch durchmischen, also in der Membran frei beweglich sind. Diese Befunde führten zu einer neuen Modellvorstellung, dem Fluid-Mosaik-Modell.
Zusatzinformation: Spätere Untersuchungen zeigten, dass GORTER und GRENDEL bei ihren Experimenten zwei Fehler gemacht haben. Sie hatten die Lipide nur unvollständig extrahiert und sie hatten bei der Berechnung der Erythrozytenoberfläche auf Basis ihrer mikroskopischen Beobachtungen zu kleine Werte angenommen. Da sich beide Fehler aufhoben, kamen sie dennoch zu den richtigen Schlussfolgerungen.

Diffusion und Osmose

Seite 38–40

1 Beschreiben Sie den Unterschied zwischen Diffusion und Osmose!
Die Diffusion ist ein Prozess, bei dem sich ein Stoff gleichmäßig in einem zur Verfügung stehenden Raum ausbreitet. Ursache ist die ungerichtete Eigenbewegung der Stoffteilchen. Sie führt zum Konzentrationsausgleich. Befindet sich ein gelöster Stoff in einem Lösungsmittel, beispielsweise Wasser, so führt das sowohl für den gelösten Stoff als auch für das Wasser in dem zur Verfügung stehenden Gefäß zum Konzentrationsausgleich.
Die Osmose ist gekennzeichnet durch eine selektiv permeable Membran, die für das Lösungsmittel Wasser durchlässig ist, nicht aber für den gelösten Stoff. Der gelöste Stoff kann sich also nicht im gesamten Gefäß ausbreiten. Ein Konzentrationsausgleich ist nur in dem ihm zur Verfügung stehenden Raum möglich. Für das Wasser stellt die selektiv permeable Membran keine Barriere dar. Deshalb diffundiert das Wasser durch die Membran vom Ort der höheren Wasserkonzentration zum Ort der geringeren Konzentration und dort erhöht sich der osmotische Druck.

2 Erläutern Sie am Beispiel der mit Kochsalz bestreuten Gurkenscheibe den Vorgang der Plasmolyse!

Wird eine frisch geschnittene Gurke mit Kochsalz bestreut, lässt sich nach kurzer Zeit beobachten, dass die Salzkristalle feuchter werden. Die hierbei entstehende Feuchtigkeit ist nicht nur auf die beim Schneiden verletzten Zellen zurückzuführen, sondern auf Wasser, welches aus tiefer liegenden, unverletzten Zellen austritt.

Durch Diffusion streben Moleküle in einem verbundenen Raum stets einen Konzentrationsausgleich an. Durch die im Vergleich zum Zellinneren sehr hohe Salzkonzentration im Wasser auf der Oberfläche der Gurke entsteht hier eine hypertone Lösung. Kochsalz kann die Zellmembranen nicht überwinden und wird daher nicht in die Zelle aufgenommen. Da die Konzentration von Wasser außerhalb der Zelle somit niedriger ist als in der Zelle, wird dieses entsprechend dem Konzentrationsgradienten aus dem Inneren der Vakuole und dem Zellplasma über die Membran nach außen abgegeben. Hierbei nimmt das Volumen des Zellinneren ab. Dieser Vorgang wird als Plasmolyse bezeichnet.

Seite 41 (Material)

Material A – Simulationsspiel zur Diffusion

A1 Führen Sie das Simulationsspiel durch und zeichnen Sie den Weg Ihres Spielsteins auf! Markieren Sie die nach 9, 16, 25 und 36 Schritten erhaltenen Endpunkte S9, S16, S25 und S36. Messen Sie die jeweiligen Abstände zum Startpunkt A!

Individuelle Schülerlösung.

Bei der Durchführung des Simulationsspiels auf einem Halma Spielfeld bietet es sich an, den Startpunkt A auf das Zentrum des Spielfelds zu legen und den Spielplan so auszurichten, dass die Linien den Richtungen der in der Abbildung gezeigten Darstellung entsprechen.

Gegebenenfalls erreicht man im Verlauf des Spiels den Spielfeldrand, womit die Außengrenze des Gefäßes simuliert wird. In der darauffolgenden Runde muss so lange gewürfelt werden, bis ein weiterer Spielzug möglich ist.

A2 Vergleichen Sie Ihre Zufallswege mit denen Ihrer Mitschüler!

Individuelle Schülerlösung.

Da die Zufallswege durch die jeweiligen Würfelergebnisse entstehen, ergeben sich für jeden Spieler andere Zufallswege und damit andere Positionen für den Spielstein an den jeweiligen Endpunkten nach 9, 16, 25 und 36 Zügen. Es ist möglich, dass ein Spielstein beispielsweise nach 25 Zügen näher am Startpunkt steht als nach 16 Zügen.

A3 Erläutern Sie, welche Eigenschaften des Teilchenmodells im Simulationsspiel erfasst werden und welche nicht!

Im Spielverlauf wird deutlich, dass die Zufallswege der Spielsteine nicht geradlinig verlaufen. Die Ausbreitung ist somit mit der Teilchenbewegung der Diffusion vergleichbar. Es wird auch deutlich, dass die Entfernung zum Startpunkt nicht linear zunimmt, sondern zufallsbedingt ist. Aus dem Vergleich der unterschiedlichen Ergebnisse ergibt sich, dass die Spielsteine jeweils andere Positionen einnehmen. Je mehr Personen an dem Spiel teilnehmen und mit zunehmender Anzahl an Würfelrunden nehmen die unterschiedlichen Positionen der zufälligen Verteilung der Spielsteine zu. Die Spielsteine breiten sich in stärkerem Maße auf dem Spielfeld aus. Auch dieser Effekt lässt sich auf das Teilchenmodell übertragen.

Im Gegensatz zur Teilchenvorstellung kann bei dem Spielfeld nur eine zweidimensionale Ausbreitung simuliert werden. Die Verteilung im Raum führt zu erheblich mehr Variationsmöglichkeiten. Auch die Tatsache, dass mit dem Würfelspiel nur sechs verschiedene Richtungen vorgegeben sind, stellt eine Vereinfachung gegenüber den realen Bedingungen dar. Ein weiterer Aspekt ist der, dass bei der Simulation nur die Ausbreitung eines Spielsteins betrachtet wird. Die Modellvorstellung der Diffusion geht davon aus, dass sich sehr viele Teilchen gleichzeitig bewegen. Die Bewegung eines einzelnen Teilchens ist durch elastische Stöße mit anderen Teilchen beeinflusst.

Material B – Hühnereier

B1 Beschreiben Sie die dargestellten Veränderungen der Massen der drei Hühnereier!

Im Diagramm ist die Veränderung der Masse von drei Hühnereiern über einen Zeitraum von 360 Minuten dargestellt.

Zu Beginn des Experiments zum Zeitpunkt $t = 0$ Minuten haben alle drei Hühnereier eine vergleichbare Masse von 50 bis 52 Gramm.

Bei dem Hühnerei, das in destilliertes Wasser gelegt wird, steigt die Masse innerhalb der ersten 120 Minuten zunächst steiler auf einen Wert von 60 Gramm und dann kontinuierlich auf etwa 68 Gramm nach 360 Minuten.

Die Masse des Hühnereis in 5%iger Kochsalzlösung nimmt innerhalb der ersten 120 Minuten auf etwa 54 Gramm zu und erreicht nach 360 Minuten einen Wert von 57 Gramm.

Das in 25%ige Kochsalzlösung überführte Ei verliert an Masse. Nach 120 Minuten beträgt die Masse ungefähr 47 Gramm, nach 360 Minuten 45 Gramm.

B2 Erklären Sie die beobachten Masseveränderungen!
Bei den drei Eiern ist die Kalkschale entfernt. Sie sind nur noch von der Eihaut umhüllt. Die Eihaut ist für Wasser durchlässig, nicht aber für das gelöste Kochsalz. Sie ist selektiv permeabel.
In destilliertem Wasser ist die Kochsalzkonzentration Null. Somit liegt ein starkes Konzentrationsgefälle für Kochsalz vor. Das Wasser diffundiert durch die Eihaut in das Ei und bewirkt dessen Massenzunahme um 16 Gramm. Der osmotische Druck bewirkt die Volumenzunahme des Eies.
In 5%iger Kochsalzlösung liegt ebenfalls ein Konzentrationsgefälle für Kochsalz vor. Die Lösung ist hypoton. Daher diffundiert das Wasser auch hier durch die Eihaut in das Ei. Da der Konzentrationsgradient geringer ist als bei destilliertem Wasser, tritt eine geringere Menge Wasser ein und die Massenzunahme beträgt lediglich 7 Gramm.
Bei dem Hühnerei in 25%iger Kochsalzlösung nimmt die Masse um etwa 5 Gramm ab. Somit besteht ein umgekehrtes Konzentrationsgefälle. Die Salzkonzentration im Inneren des Hühnereis hat den geringeren Wert. Die Kochsalzlösung ist hyperton. Das Wasser diffundiert deshalb durch die Eihaut nach außen. Der osmotische Druck im Hühnerei nimmt ab.

B3 Entwickeln Sie ein Folgeexperiment zur Bestimmung der Salzkonzentration im Hühnerei!
Im Experiment wird deutlich, dass ein größerer Konzentrationsunterschied des Kochsalzes zwischen dem Inneren des Hühnereis und der umgebenden Lösung eine größere Änderung der Masse zur Folge hat. Wäre der Konzentrationsunterschied zwischen dem Inneren des Hühnereis und der umgebenden Lösung gleich Null, handelt es sich um eine isotonische Lösung. Die Menge an einströmendem Wasser ist gleich der Menge an ausströmendem Wasser. Die Masse des Hühnereis verändert sich nicht.
Aufgrund der Beobachtungen im Experiment kann davon ausgegangen werden, dass das Hühnerei eine höhere Salzkonzentration als 5 % aufweist, aber eine geringe als 25 %. Wiederholt man das Experiment mit verschieden konzentrierten Salzlösungen, die zwischen diesen beiden Werten liegen, so wird man bei einer dieser Lösungen beobachten, dass sich die Masse des Hühnereis im Verlauf der Zeit nicht ändert. Daraus lässt sich folgern, dass das Hühnerei genau die Salzkonzentration des Lösungsmittels aufweist.

Transportvorgänge an Biomembranen

Seite 42–44

1 Beschreiben Sie die Beispiele für die erleichterte Diffusion!
Die erleichterte Diffusion kann über integrale Membranproteine erfolgen. Diese Membranproteine bilden als Kanalproteine kleine Poren, durch die lipidunlösliche polare Moleküle die Biomembran passieren können. Von besonderer Bedeutung sind die Aquaporine, die einen schnellen Wassertransport in tierischen und pflanzlichen Zellen ermöglichen.
Ein weiteres Beispiel für die erleichterte Diffusion ist der Transport mithilfe spezieller Carrierproteine. Das zu transportierende Molekül bindet an ein Carrierprotein. Das Protein verändert daraufhin seine Struktur, wodurch das Molekül auf die andere Seite der Membran transportiert wird.

2 Erläutern Sie den Unterschied zwischen passivem und aktivem Transport!
Der passive Transport erfolgt durch einfache Diffusion oder durch die erleichterte Diffusion. Für den passiven Transport wird keine zusätzliche Energie benötigt. Eine Diffusion findet immer entlang des Konzentrationsgradienten, also vom Ort der höheren Konzentration in Richtung des Ortes der geringeren Konzentration eines Stoffes statt.
Durch den aktiven Transport können Stoffe gegen den Konzentrationsgradienten von einer Seite einer Biomembran zur anderen Seite transportiert werden. Daher benötigt der aktive Transport Energie in Form von ATP.

3 Beschreiben Sie den Ablauf der Endozytose!
Bei der Endozytose befindet sich der aufzunehmende Stoff, beispielsweise ein Nahrungspartikel, außerhalb der Zelle. Die Zellmembran umfließt das Partikel und es entsteht ein von einer Membran umschlossenes Vesikel im Innern der Zelle. Dort verschmilzt es mit einem Lysosom, dessen Verdauungssekrete den Inhalt des Vesikels auflösen.

Seite 45 (Material)

Material A – Plasmolyse bei der Ligusterbeere

A1 Erläutern Sie die Veränderungen des Zellvolumens nach der Überführung in konzentrierte Zuckerlösung und in Wasser!

Nach Überführung der Ligusterbeerenzellen in eine konzentrierte Zuckerlösung nimmt das Volumen des Zellinneren und der Vakuolen ab. Aufgrund der hohen Zuckerkonzentration in der Umgebung gegenüber dem Zellinneren ist die Lösung hypertonisch. Der Konzentrationsunterschied hat zur Folge, dass Wasser durch den Tonoplast und die Zellmembran nach außen tritt und die Zellen plasmolysieren. Die Biomembranen sind für die Zuckermoleküle nicht permeabel.
Nach Überführung der plasmolysierten Zellen in Wasser nimmt das Volumen des Zellinneren und der Vakuole zu. Das Wasser stellt gegenüber dem Zellinneren ein hypotonisches Lösungsmittel dar. Der Konzentrationsgradient für die gelösten Stoffe von innen nach außen hat deshalb zur Folge, dass Wasser in die Zellen und in die Vakuolen eintritt. Diesen Vorgang bezeichnet man als Deplasmolyse.

A2 Erklären Sie die Funktion der Aquaporine in der Zellmembran! Nehmen Sie hierzu die Abbildung 02 auf Seite 42 zu Hilfe!

Die Aquaporine sind für Wassermoleküle spezifische Kanäle, die eine erleichterte Diffusion der Wassermoleküle durch die Biomembran ermöglichen. Auf diese Weise sind Durchtrittsraten von bis zu drei Milliarden Wassermoleküle pro Sekunde erreichbar. Wie in der Abbildung dargestellt, kann dieser Transport entlang des Konzentrationsgradienten in beide Richtungen erfolgen. Über die Aquaporine erfolgt die Regulation des Wasserhaushalts der Zellen.

A3 Stellen Sie eine Hypothese auf, welche Beobachtungen im zweiten Versuch zu erwarten sind!

Da die Quecksilberionen die Poren der Aquaporine blokkieren, kann angenommen werden, dass die Wassermoleküle gar nicht oder nur in sehr geringem Umfang durch die Membranen der Zelle und der Vakuole gelangen. Somit sind die Membranen nicht nur für die gelösten Stoffe, sondern auch für das Lösungsmittel Wasser undurchlässig. Man kann deshalb weiterhin annehmen, dass nach Überführung der Ligusterbeerenzellen in eine konzentrierte Zuckerlösung keine Plasmolyse stattfindet.
Würde man die Zellen erst nach der Plasmolyse mit Quecksilberionen behandeln, ist anzunehmen, dass nach Überführung der Zellen in Wasser keine Deplasmolyse stattfinden wird.

Material B – Vakuole als Ionenfalle

B1 Beschreiben Sie die in der rechten Abbildung dargestellten Veränderungen in der Zwiebelepidermis!

Die Vakuolen der Epidermiszellen der Zwiebel erscheinen rot gefärbt, nachdem sie in die Neutralrotlösung eingebettet wurden. Das Zellplasma ist gar nicht oder nur geringfügig gefärbt.

B2 Erklären Sie die Beobachtungen!

Neutralrot ist in der neutralen Lösung ein lipophiler Farbstoff, für den die Biomembranen durchlässig sind. Aufgrund des Konzentrationsgradienten strömen die Neutralrot-Moleküle durch die Membran in das Zellinnere und in die Vakuole ein. Im Inneren der Vakuole werden die Neutralrot-Moleküle protoniert, also zu positiv geladenen Ionen. Deshalb färbt sich das Innere der Vakuole kirschrot.

B3 Entwickeln Sie eine Hypothese, welche Beobachtungen im Folgeexperiment zu erwarten sind und begründen Sie den Begriff Ionenfalle!

Nach Überführen der Zwiebelepidermis-Zellen in Leitungswasser müsste man erwarten, dass aufgrund des geänderten Konzentrationsgradienten das Neutralrot nach außen durch die Biomembranen diffundiert und die Rotfärbung der Vakuolen zurückgeht. Dies geschieht jedoch nicht, da Neutralrot im sauren Milieu der Vakuolen protoniert wird und damit die vorher lipophilen Moleküle zu geladenen Ionen werden. Da Biomembranen für geladene Ionen undurchlässig sind, ist anzunehmen, dass sie in der Vakuole bleiben und damit keine Entfärbung eintritt. Die Vakuole wird zu einer Falle für die positiv geladenen Neutralrot-Ionen. Daraus leitet sich die Bezeichnung Ionenfalle ab

3 Evolution der Zelle

Zellen mit und ohne Zellkern

Seite 46–48

1 Erläutern Sie die Begriffe Prozyte, Euzyte, Prokaryot und Eukaryot!

Mit dem Begriff Prozyte bezeichnet man Zellen, die keinen echten Zellkern besitzen. Prokaryoten sind Lebewesen, die aus Prozyten bestehen. Da Prokaryoten in der Regel Einzeller sind, verwendet man die Begriffe oft synonym. Zu den Prokaryoten zählen Bakterien, Cyanobakterien und Archaeen.

Euzyten sind Zellen mit einem echten Zellkern. Als Eukaryoten bezeichnet man dementsprechend Lebewesen deren Zellen einen Zellkern besitzen.

2 Beschreiben Sie, worin die Komplexität der Euzyten besteht!

Euzyten besitzen im Zellinneren erheblich mehr strukturierte Bereiche, die von Membranen oder sogar doppelten Membranen abgegrenzt sind. Dazu gehören Zellkern, Mitochondrien und (bei Pflanzen) Chloroplasten, sowie Endoplasmatisches Retikulum, Golgi-Apparat und (bei Pflanzen) Vakuole(n). Alle diese Zellbestandteile gibt es bei Prokaryoten nicht. Manchmal ist bei Prokaryoten allerdings die Zellmembran deutlich eingefaltet und bei Cyanobakterien gibt es ein Membransystem, das der Thylakoidmembran von Chloroplasten ähnelt.

3 Erläutern Sie die Bedeutung der Prozyten anhand von zwei Beispielen!

Einzelne Bakterienarten sind zwar sehr spezialisiert und daher in ihrer Wirkung begrenzt. Insgesamt jedoch verfügen alle Bakterienarten zusammen über Fähigkeiten, die zum Teil weit über die Möglichkeiten von Euzyten hinausgehen.

So können beispielsweise Rhizobien mit den Wurzeln von Schmetterlingsblütern Wurzelknöllchen bilden. Dort leben sie mit den Schmetterlingsblütern in Symbiose und reduzieren Luftstickstoff zu Ammonium. Ammonium ist eine Stickstoffquelle für die Pflanzen. Die dafür erforderliche Energie erhalten sie aus Kohlenhydraten aus den Wurzeln der Pflanzen. Auf diese Weise können Schmetterlingsblütler auch auf stickstoffarmen Böden gedeihen.

Viele Archaeen sind Bewohner extremer Lebensräume. Ein solches Beispiel ist das Archaebakterium Sulfolobus, welches an heißen Quellen lebt, ein Wachstumsoptimum von 75 Grad Celsius besitzt und durch die Oxidation von Schwefelwasserstoffen Energie und andere Stoffe gewinnt. Dadurch entsteht ein Ökosystem an den heißen Quellen, das sonst nicht existieren könnte.

Seite 49 (Material)

Material A – Bakterien und Cyanobakterien

A1 Beschreiben und benennen Sie die in den beiden Prozyten erkennbaren Strukturen! Vergleichen Sie diese hinsichtlich ihrer Verteilung, Häufigkeit und relativer Größe!

Die Form des Bakteriums ist länglich oval, die des Cyanobakteriums kreisrund. Das Bakterium ist größer.

In beiden Zellen sind helle Bereiche zu erkennen, die dem Nukleoiden zuzurechnen sind. Im Cyanobakterien gibt es mehrere parallel nebeneinanderliegende Linien, die kreisförmig geschwungen um einen gedachten Mittelpunkt verlaufen. Es handelt sich dabei vermutlich um Membranen, die Fotosynthesepigmente tragen. Beim Bakterium treten diese Strukturen nicht auf.

A2 Begründen Sie, dass die parallelen Linien bei *Synechocystis spec.* zu Strukturen gehören können, die mit Fotosynthese zu tun haben!

Synechocystis ist ein Cyanobakterium. Cyanobakterien sind autotroph und betreiben Fotosynthese. Dafür benötigen sie Farbpigmente, die auf bestimmten räumlichen Strukturen angeordnet sind. Diese Strukturen ähneln den Membranen in Chloroplasten und sind demnach wahrscheinlich die Orte, an denen Fotosynthese stattfindet.

A3 Berechnen Sie das Volumen einer *E. coli* Zelle mithilfe der Längenangabe und unter der Annahme, dass die Zellen zylindrisch sind!

Die *E. coli* Zelle ist etwa 3,25 µm lang und hat einen Durchmesser von 1 µm. Daraus ergibt sich ein Volumen von:

$V = \pi r^2 \cdot l$; $V = 3{,}14 \cdot 0{,}5\ \mu m^2 \cdot 3{,}25\ \mu m = 2{,}55125\ \mu m^3$

A4 Berechnen Sie das Volumen aller *E. coli* Zellen, die theoretisch nach einem Tag aus einer Zelle entstehen können! Diskutieren Sie, weshalb dieses Szenario nicht eintritt!

Ein Tag hat 24 Stunden. Wenn sich eine *E. coli* Zelle in 20 Minuten teilt, finden in an einem Tag $24 \cdot 3 = 72$ Teilungen statt. Damit entstehen an einem Tag 2^{72} *E. coli* Zellen. 2^{72} Zellen sind etwa $4{,}7 \cdot 10^{21}$ Zellen. Jede dieser Zellen hat ein Volumen von $2{,}55\ \mu m^3$. Das Volumen aller aus einer *E. coli* Zelle nach einem Tag entstandenen Zellen kann also wie folgt berechnet werden:

$4{,}7 \cdot 10^{21} \cdot 2{,}55\ \mu m^3 = 11{,}985 \cdot 10^{21}\ \mu m^3$

$1\ m^3 = 1 \cdot 10^9\ mm^3 = 1 \cdot 10^{18}\ \mu m^3$

$11{,}985 \cdot 10^{21}\ \mu m^3 : 10^{18} = 11985\ m^3$

Nach einem Tag entstehen bei optimalen Bedingungen $4{,}7 \cdot 10^{21}$ *E. coli* Zellen mit einem Gesamtvolumen von 11985 m^3.

Dieses Volumen entspricht einem Würfel von über 17 Metern Kantenlänge. Dieses Szenario tritt nicht ein, weil schon nach wenigen Stunden die Wachstumsbedingungen nicht mehr optimal sind: Die Nährstoffe gehen zur Neige und Ausscheidungsprodukte beeinträchtigen das Medium so sehr, dass nach einiger Zeit kein Wachstum mehr stattfinden kann.

Zusatzinformation: Bei der Lösung dieser Aufgabe geht es nicht um genaue Zahlen. Wichtig sind der Weg der Rechnung und die Erkenntnis, dass trotz der geringen Größe einer einzelnen Zelle die Vielzahl der exponentiell entstehenden Zellen zu einem riesigen Volumen führt.

Das berechnete Volumen berücksichtigt nicht die Zwischenräume, die bei der regelmäßigen (und noch mehr der unregelmäßigen) Anordnung der einzelnen Zellen entsteht.

Material B – *Nostoc* – ein besonderes Cyanobakterium

B1 Vergleichen Sie den Aufbau von *Nostoc commune* mit dem Cyanobakterium *Synechocystis spec.* aus Material A!

Nostoc ist eine Gattung von Cyanobakterien, deren Zellen fädige Kolonien bilden können, die in einer gelatineartigen Masse zusammengehalten werden. Sie bilden außerdem größere Zellen, die Heterozysten, in denen die Stickstofffixierung stattfindet.

Synechocystis spec. dagegen besteht aus Einzelzellen. Spezielle Zellen für die Stickstoffassimilation gibt es nicht.

B2 Stellen Sie Vermutungen an, weshalb *Nostoc* häufig Symbiosepartner ist!

Durch die Fähigkeit, Luftstickstoff in eine nutzbare Stickstoffquelle umzuwandeln, besitzt *Nostoc* einen Wachstumsvorteil gegenüber den eukaryotischen Pflanzen, die nicht über diese Fähigkeit verfügen. Durch die Symbiose mit *Nostoc* gelangen diese Lebewesen sozusagen in den Genuss, nutzbare Stickstoffverbindungen geliefert zu bekommen.

B3 Stellen Sie Vermutungen an, weshalb *Nostoc*-Arten im Spätsommer häufig an der Bildung der sogenannten Algenblüte beteiligt sind!

Unter Algenblüte versteht man das massenhafte Auftreten von Algen, das in einem mineralstoffreichen See zu einer Sauerstoffzehrung führt. Da *Nostoc* bereits vor Auftreten der Algenblüte durch die Fähigkeit zur Fixierung von Luftstickstoff einen Konkurrenzvorteil besaß, sind bereits viele *Nostoc*-Algen im See vorhanden.

Außerdem führen die Gelatine-Fäden zu einer Verklumpung, die für andere Algen hinderlich ist.

Genetik der Zelle

1 Der Zellkern – Steuerungszentrale der Zelle

Erforschung der Bedeutung des Zellkerns

Seite 56–58

1 Stellen Sie die Fragestellungen und die methodischen Verfahren der verschiedenen historischen Experimente tabellarisch zusammen!

Modell-organismus	Methode	Fragestellungen
Acetabularia	Regenerationsfähigkeit nach Amputation	Welche Bedeutung hat der Zellkern bei der Entwicklung von Einzellern?
	Kerntransfer	Bestimmt das Zytoplasma oder der Zellkern die Merkmalsausbildung der Zelle?
Amphibienei	Embryosplitting an Vielzellern, Schnürexperimente	Welche Bedeutung hat der Zellkern bei der Entwicklung von Vielzellern?
	Embryonaler Zellkerntransfer	Verlieren Zellkerne im Laufe der Embryonalentwicklung eines Vielzellers Steuerungsfähigkeiten?
Krallenfrosch	Somatischer Zellkerntransfer	Verändern sich Zellkerne durch Zellteilung und Zelldifferenzierung? (Totipotenz)?

2 Fassen Sie die Ergebnisse zur Bedeutung des Zellkerns zusammen!

Zusammengefasst lassen die Ergebnisse der verschiedenen Experimente folgende Schlussfolgerungen über die Bedeutung des Zellkerns zu:

- Zellkernhaltige Bereiche einer Zelle sind die Voraussetzung für längeres Überleben, Entwickeln und Differenzierung.
- Der Zellkern in eukaryotischen Zellen enthält die gesamte Erbinformation und steuert die Ausbildung von Merkmalen und Funktionen der Zelle.
- Die Zellkerne in Zygoten sind totipotent.
- Der Zellkern steuert bei Vielzellern die Entwicklung und Differenzierung.
- Die Zellkerne somatischer Zellkerne enthalten noch die gesamte Erbinformation. Sie können durch den Transfer in eine befruchtete Eizelle reprogrammiert werden.
- Der Zellkern beeinflusst Prozesse im Zytoplasma. Er wird in seinen Möglichkeiten jedoch auch durch das Zytoplasma beeinflusst.

Seite 59 (Material)

Material A – Zellkerntransfer zwischen zwei Acetabularia-Arten

A1 Beschreiben Sie die Durchführung und die Ergebnisse der Experimente!

Auf ein kernhaltiges Rhizoid von *A. acetabulum* wird ein Stiel von *A. crenulata* aufgesetzt und die weitere Entwicklung beobachtet. Nach einiger Zeit bildet sich ein Schirm, der Merkmale von beiden Arten besitzt. Er wird als intermediärer Schirm bezeichnet. Wird dieser abgeschnitten, so regeneriert die Zelle nach einiger Zeit einen Schirm, der nur noch die Merkmale von *A. acetabulum* aufweist.

A2 Stellen Sie zwei bis drei Hypothesen auf, die mithilfe dieser Experimente geprüft werden können!

Hypothese 1: Die Zelle entwickelt einen Hut entsprechend der Herkunft des Stiels.
Hypothese 2: Die Zelle entwickelt einen Hut entsprechend der Herkunft der kernhaltigen Rhizoide.
Hypothese 3: Sowohl der Stiel, als auch die kernhaltigen Rhizoide tragen zur Entwicklung des Huts bei.

A3 Deuten Sie die Ergebnisse am Ende des Experiments! Entwickeln Sie dazu Hypothesen, die die Entstehung der neuen Hutform erklären!

Während der zunächst gebildete Hut Merkmale beider Arten aufweist, zeigt der zweite Hut nur Merkmale von *A. acetabulum*, von der die kernhaltigen Rhizoide stammen. Nach einiger Zeit scheinen also die kernhaltigen Rhizoide die artspezifische Ausprägung der Merkmale des Hutes bestimmen. Dass zunächst ein Hut entsteht, der die Merkmale beider Arten aufweist, lässt die Annahme zu, dass das Zytoplasma des Stiels zu diesem Zeitpunkt Substanzen enthält, die diese Merkmale beeinflussen. Diese Substanzen müssten dann vom ursprünglichen Zellkern von *A. crenulata* gebildet worden und zum Zeitpunkt des Transfers bereits vorhanden gewesen sein.

A4 Entwickeln Sie experimentelle Ideen zur Überprüfung Ihrer Hypothese!

Wenn die Hypothese stimmt, dass chemische Substanzen im Stiel Einfluss auf die Entwicklung des Hutes haben und

somit das Auftreten eines intermediären Hutes erklären, lassen sich verschiedene Ideen entwickeln:
- Überprüfung, ob das Ergebnis mit der umgekehrten Kombination dasselbe Ergebnis ergibt (Kontrollexperiment).
- Einsatz eines Giftstoffs, der die Synthese von chemischen Substanzen des Zellkerns unterbindet.
- Übertragung verschieden großer Stielstücke mit mehr bzw. weniger Substanz, um zu überprüfen, ob der Einfluss auf die Hutmerkmale sich unterscheiden.
- Überprüfung der Bildung eines dritten Huts und dessen Merkmalen

Zusatzinformation: Versuchsergebnisse von HÄMMERLING, (1934): Transplantation des Stieles von A. schenckii auf das kernhaltige Rhizoid von A. mediterranea.

	Intermediärer Hut %	Beinahe *A. mediterranea* Hut %	*A. mediterranea* Hut %	Anzahl der Versuche
Erster Hut: 0,8–2,4 cm *A. schenckii*	68	32	0	19
Erster Hut: 0,3–0,7 cm *A. schenckii*	18	27	55	11
Erster Hut	50	30	20	30
Zweiter Hut	11	17	72	18
Dritter Hut	0	0	100	10

Material B – Gewinnung von Ersatzgewebe?

B1 Vergleichen Sie die Schritte des reproduktiven Klonens beim Krallenfrosch mit dem therapeutischen Klonen!

Siehe Tabelle unten.

B2 Deuten Sie die Ergebnisse im Hinblick auf die Bedeutung des Zellkerns!

Der transferierte Zellkern wird reprogrammiert. Obwohl er aus einer differenzierten (Haut-)zelle entnommen wurde, besitzt er die Fähigkeit, die Entwicklung zu einem menschlichen Embryo zu steuern. Da die embryonalen Zellen angeregt werden können, sich zu verschiedenen Gewebezellen zu differenzieren, besitzt der Zellkern die gesamte Erbinformation zur Entwicklungssteuerung und Differenzierung. Offensichtlich entfaltet der Zellkern seine Potenz jedoch in Abhängigkeit vom Zytoplasma und dem umgebenden Medium.

B3 Nennen Sie Argumente, die trotz der Hoffnungen gegen die Erlaubnis zum therapeutischen Klonen sprechen!

Individuelle Schülerlösung.
Mögliche Aspekte:
- Die Zucht von menschlichen Embryonen unter Nützlichkeitsaspekten widerspricht der Einzigartigkeit und Würde des Menschen, die im Grundgesetz verankert sind
- Die Zerstörung von menschlichen Embryonen widerspricht der Unantastbarkeit und dem Schutz menschlichen Lebens, die im Grundgesetz verankert sind
- Das Embryonenschutzgesetz verbietet die Nutzung von menschlichen Embryonen.

Reproduktives Klonen beim Krallenfrosch	Therapeutisches Klonen aus Hautzellen
Entnahme von Zellkernen aus somatischen Zellen	Entnahme von Zellkernen aus somatischen Zellen
Entkernen einer Zygote	Entkernen einer reifen Eizelle
Zellkerntransfer	Zellkerntransfer
Entwicklung im Labor bis zum erwachsenen Organismus	Aktivierung der Eizelle und Entwicklung im Labor bis zur Blastozyste
	Entnahme von embryonalen Stammzellen
	Übertragen in Petrischalen/Kulturschalen und Behandlung mit Differenzierungsfaktoren
Zielsetzung: – Erzeugen von Klonen des Zellkernspenders – Reproduktion	Zielsetzung: – Gewinnung von Stammzellen – Bildung von differenzierten Zellen – Transplantation differenzierter Zellen als Ersatz für geschädigte Gewebe

Teilung von Zellkern und Zelle

Seite 60–63

1 Vergleichen Sie die unterschiedlichen Teilungsraten der verschiedenen Zelltypen!

Der Gesamtzyklus von Knochenmark- und Dünndarmzellen ist mit 13 beziehungsweise 17 Stunden verhältnismäßig kurz. Der Zyklus des Dickdarms dauert 33 Stunden. Hautzellen teilen sich alle 1000 Stunden, was einer Zeitspanne von etwa 41 Tagen entspricht.

Der Zyklus der Leberzellen von 10 000 Stunden entspricht einem Zeitraum von mehr als 13 Monaten.

Für die unterschiedliche Dauer der Zellzyklen sind ausschließlich die unterschiedlichen G_1-Phasen verantwortlich. Die Synthesephasen mit jeweils 8 Stunden, die G_2-Phasen mit jeweils 2 Stunden und die Mitosen mit jeweils 1 Stunde laufen bei allen Zelltypen in gleich langen Zeiträumen ab.

2 Erläutern Sie den Ablauf des Zellzyklus und die jeweils stattfindenden Prozesse!

Der Zellzyklus gliedert sich in die Interphase und die Mitose. Die Interphase wiederum gliedert sich in drei Unterphasen, die als G_1-Phase, S-Phase und G_2-Phase bezeichnet werden. Während der G_1-Phase finden Protein- und RNA-Synthesen statt und die Zelle wächst. Die DNA liegt in ihrer Arbeitsform entspiralisiert als fadenförmige Struktur vor. Während der S-Phase oder auch Synthesephase wird die DNA, also das genetische Material verdoppelt. In der G_2-Phase werden Proteine synthetisiert, die für die Zellteilung wichtig sind. Gleichzeitig setzt sich das Zellwachstum fort.

An die G_2-Phase schließt die Mitose an, die in Prophase, Promethaphase, Metaphase, Anaphase und Telophase gliedert. Zu Beginn der Mitose, der Prophase, verdichtet sich die DNA in ihre Transportform, die Chromosomen. Zu diesem Zeitpunkt sind die Zwei-Chromatiden-Chromosomen lichtmikroskopisch sichtbar. Sie sind über das Zentromer miteinander verbunden. Gleichzeitig bildet sich der Spindelfaserapparat. Während der Promethaphase löst sich die Kernhülle auf und die Spindelfasern binden an den Kinetochoren der Chromosomen. Anschließend ordnen sich die Chromosomen in der Metaphase in der Äquatorialebene der Zelle an.

Die Zwei-Chromatiden-Chromosomen werden in der darauffolgenden Anaphase getrennt und mithilfe des Spindelfaserapparates zu den jeweiligen Zellpolen gezogen, sodass sich dort am Ende der Anaphase je ein vollständiger Chromosomensatz aus Ein-Chromatid-Chromosomen befindet. In der abschließenden Telophase werden die Spindelfasern abgebaut, die Kernhüllen und Nukleoli werden sichtbar und die Chromosomen entspiralisieren sich.

Nach der Mitose erfolgt die eigentliche Zellteilung, die Zytokinese.

3 Erklären Sie anhand der Funktion der unterschiedlichen Spindelfasern die Bedeutung des Zytoskeletts für die Mitose!

Der Spindelfaserapparat besteht aus drei verschiedenen Spindelfasertypten, den Kinetochor-Mikrotubuli, den Pol-Mikrotubuli und den Astral-Mikrotubuli.

Die Kinetochor-Mikrotubuli binden in der Prometaphase an die Kinetochoren der Zwei-Chromatiden-Chromosomen. Während der Anaphase werden diese Mikrotubuli an den Kinetochoren abgebaut. Das hat zur Folge, dass sich die Mikrotubuli verkürzen und damit die einzelnen Ein-Chromatid-Chromosomen auseinandergezogen werden.

Die Pol-Mikrotubuli verlaufen von den Zentrosomen zur Zellmitte. Dort überlappen die Pol-Mikrotubuli beider Zellpole. In der Überlappungszone gleiten diese Mikrotubuli während der Anaphase durch Motorproteine aneinander vorbei. Gleichzeitig verlängern sie sich. Dadurch vergrößert sich der Abstand der Zentrosomen. Die Chromatiden werden auseinandergezogen.

Die Astral-Mikrotubuli verankern den Spindelfaserapparat in der Zelle und stabilisieren ihn somit während der Mitose.

Seite 64–65 (Material)

Material A – Mitosestadien

A1 Begründen Sie, welche Phasen der Mitose in den mikroskopischen Aufnahmen dargestellt sind!

Die *Abbildung A* zeigt den Beginn der Prophase. Die Chromosomen sind noch nicht vollständig kondensiert und füllen den gesamten Zellkern.

Die *Abbildung B* zeigt die Prometaphase. Die Zwei-Chromatid-Chromosomen sind vollständig verdichtet, der Kernhülle ist im Begriff sich aufzulösen und der Spindelfaserapparat hat begonnen sich auszubilden.

Die *Abbildung C* zeigt die Metaphase. Die Zwei-Chromatid-Chromosomen sind in der Äquatorialebene angeordnet. Über den vollständig aufgebauten Spindelfaserapparat sind sie mit den Zentrosomen verbunden.

Die *Abbildungen D – F* zeigen die Anaphase. Die Ein-Chromatid-Chromosomen werden vom Spindelfaserapparat zu den Zellpolen gezogen.

Die *Abbildungen G – H* zeigen die Telophase. Kernmembran und Nu-kleoli werden neu gebildet, der Spindelfaserapparat löst sich auf und die zwei neuen Zellen mit der gleichen Erbinformation trennen sich voneinander.

A2 Benennen Sie die im Diagramm mit Buchstaben versehenen Abschnitte des Zellzyklus und erläutern Sie, was in den einzelnen Abschnitten in der Zelle geschieht!

Die Grafik stellt die Veränderung des DNA-Gehalts einer Zelle im Lauf des Zellzyklus dar. In den Phasen *a*, *e* und *i* wird der relative DNA-Gehalt der Zellen mit dem Wert 1 angegeben. Das bedeutet, dass sich die Zellen in der G_1-Phase der Interphase befinden.

In den Abschnitten *b* und *f* steigt der relative DNA-Gehalt von 1 auf 2 an. Der DNA-Gehalt in der Zelle verdoppelt sich. Die Zelle befindet sich jeweils in der S-Phase, der Synthesephase.

An die Synthesephasen schließen sich die Phasen *c* beziehungsweise *g* an. Diese Abschnitte entsprechen der G_2-Phase des Zellzyklus, in der sich die Zelle durch weitere Proteinsynthese auf die Zellteilung vorbereitet.

In den Phasen *d* und *h* sinkt der relative DNA-Gehalt in kurzer Zeit vom Wert 2 auf den Wert 1. In diesen Phasen läuft die Teilung der Zelle, die Mitose, ab und der DNA-Gehalt der einzelnen Zellen wird wieder halbiert.

A3 Stellen Sie eine Hypothese auf, um welchen Zelltyp es sich bei den Zellen im Diagramm handeln könnte! Nehmen Sie Ihre Kenntnisse zum Zellzyklus zu Hilfe!

Aus der Grafik geht hervor, dass ein Zellzyklus, beginnend mit der Phase e bis einschließlich der Phase h ungefähr 33 Stunden dauert. Dies entspricht der Zyklusdauer der Dickdarmzellen. Auch die Dauer der einzelnen Phasen entspricht mit 22 Stunden für die G_1-Phase, 8 Stunden für die S-Phase, 2 Stunden für die G_2-Phase und 1 Stunde für die Mitose den für Dickdarmzellen angegebenen Werten. Daher ist anzunehmen, dass es sich um Dickdarmzellen handelt oder um Zellen, deren Teilungsrate der der Dickdarmzellen entspricht.

Material B – Wirkung von Taxol

B1 Beschreiben Sie die Bedeutung des Spindelfaserapparates für die Mitose und erläutern Sie die Auswirkung von Taxol!

Der Spindelfaserapparat ist für den Mitoseablauf notwendig. Die Kinetochor-Mikrotubuli binden an die Kinetochore der Zwei-Chromatiden-Chromosomen. Durch den Abbau dieser Mikrotubuli während der Anaphase verkürzen sie sich und die getrennten Ein-Chromatid-Chromosomen werden zu den Zellpolen gezogen. Gleichzeitig werden die Pol-Mikrotubuli in der Überlappungszone verlängert. Das hat zur Folge, dass die Zentrosome in Richtung der Zellpole wandern und mit ihnen die Ein-Chromatid-Chromosomen.

Taxol bindet an die Bausteine der Mikrotubuli. Hierdurch werden die Mikrotubuli stabilisiert und können nicht mehr abgebaut werden. Die Kinetochor-Mikrotubuli können deshalb nicht dazu beitragen, die Ein-Chromatid-Chromosomen zu den Zellpolen zu ziehen. Außerdem wird der Spindelfaserapparat in der Telophase nicht abgebaut.

B2 Erklären Sie anhand des Ablaufs der Mitose den DNA-Gehalt in den Zellkulturen vor und nach Einwirkung von Taxol!

Der DNA-Gehalt der Zellkultur gibt wieder, wie hoch der Anteil der Zellen in der jeweiligen Phase des Zellzyklus ist. In *Abbildung A* ist die Verteilung des DNA-Gehalts von Tumorzellen vor der Einwirkung von Taxol erkennbar. Man sieht, dass etwa 40 % der Zellen einen relativen DNA-Gehalt von 1 haben. Das bedeutet, dass sich diese Zellen in der G_1-Phase der Interphase befinden. Ungefähr 15 % der Zellen haben einen relativen DNA-Gehalt von 2. Bei diesen Zellen ist die Synthesephase beendet. Sie befinden sich in der G_2-Phase. Alle anderen Zellen befinden sich in unterschiedlichen Stadien der Synthesephase. Bei ihnen ist der relative DNA-Gehalt größer als 1, aber geringer als 2.

Abbildung B zeigt die Verteilung des relativen DNA-Gehalts nach Einwirkung von Taxol. Ungefähr 20 % dieser Zellen haben einen relativen DNA-Gehalt von 1 und befinden sich in der G_1-Phase. Ungefähr 80 % der Tumorzellen befinden sich in der G_2-Phase und haben einen relativen DNA-Gehalt von 2. Keine Zellen dieser Zellkultur befinden sich in der Synthesephase.

Da Taxol den Spindelfaserapparat verändert, können sich die Zellen dieser Zellkultur nicht mehr teilen. Die DNA-Synthese wird jedoch nicht beeinflusst. Das hat zur Folge, dass die Zellen nach der Synthesephase im G_2-Stadium verharren. Einige wenige Zellen befinden sich noch in der Synthesephase und besitzen einen DNA-Gehalt zwischen 1 und 2 und bei ungefähr 20 % der Zellen, die sich im G_1-Stadium befinden, hat die Synthesephase noch nicht begonnen.

B3 Erklären Sie die Nebenwirkungen von Taxol anhand der Lebensdauer der verschiedenen Zellen!

Die dargestellten Nebenwirkungen wie Übelkeit, Erbrechen und Durchfall stehen im Zusammenhang mit dem Magen-Darm-Trakt. Andere Nebenwirkungen wie Müdigkeit, körperliche Schwäche, Blut in Stuhl und Urin sowie Anfälligkeit für Infektionen stehen im Zusammenhang mit den verschiedenen Blutzellen.

Die Nebenwirkungen von Taxol lassen sich mit der Häufigkeit der Zellteilung beziehungsweise der Neubildung der Zellen erklären. Bei vielen der Zellen, die für den Magen-Darm-Trakt, den Blutkreislauf und die Haarbildung relevant sind, ist der entsprechende Zeitraum sehr kurz. Es müssten ständig neue Zellen durch Mitose gebildet werden, um die zuvor genannten Nebenwirkungen zu verhindern. Die gesunden Zellen werden von Taxol jedoch genauso geschädigt wie die Krebszellen und somit werden auch deren weitere Zellteilungen verhindert.

B4 Stellen Sie anhand des Zellzyklus eine Hypothese auf, weshalb Taxol nicht alle Tumorzellen erreichen kann!
Vergleicht man die Zeiträume der einzelnen Phasen des Zellzyklus miteinander, so fällt auf, dass die Mitose nur einen kurzen Zeitraum einnimmt. Die G_1-Phase ist die am längsten andauernde Phase bei fast allen menschlichen Zellen. Bei der im Material beschriebenen Tumorzelllinie befindet sich ein Anteil von 20 % der mit Taxol behandelten Zellen in der G_1-Phase. Bei diesen Zellen kann Taxol nicht wirken, da sie keinen Spindelfaserapparat aufgebaut haben. Wenn bei den Zellen die Mitose erst einsetzt, nachdem das Medikament bereits abgesetzt wurde, wird ihr Spindelfaserapparat funktionsfähig bleiben. Kern- und Zellteilung können ungehindert ablaufen.

Vom Chromosom zur DNA

Seite 66–68

1 Beschreiben Sie den Bau der DNA!
Die DNA besteht aus zwei Strängen, die schraubenförmig als Doppelhelix antiparallel umeinandergewunden sind. Beide Stränge sind aus Nukleotiden aufgebaut. Jedes Nukleotid besteht aus einem Zucker namens Desoxyribose, einem Phosphatrest und einer organischen Base.
In den Nukleotiden kommen vier verschiedene organische Basen vor, Adenin, Cytosin, Guanin und Thymin. Cytosin und Thymin gehören zu den Pyrimidinen. Sie bestehen aus einem Ring. Adenin und Guanin gehören zu den Purinen und bestehen aus zwei Ringen.
Die Nukleotide sind über die Desoxyribose und den Phosphatrest miteinander verknüpft und bilden somit eine kettenförmige Struktur.
In der Doppelhelix stehen sich jeweils immer die beiden Basen Adenin und Thymin sowie Cytosin und Guanin als komplementäre Basenpaare gegenüber.
Die Verbindung der beiden DNA-Stränge erfolgt über schwache Bindungen, die Wasserstoffbrückenbindungen. Dabei sind Adenin und Thymin jeweils über zwei Wasserstoffbrücken und Cytosin und Guanin über drei Wasserstoffbrücken miteinander verbunden.

2 Beschreiben Sie den Ablauf der DNA-Replikation!
Bei der DNA-Replikation wird die DNA-Doppelhelix zunächst durch das Enzym Helikase wie ein Reißverschluss geöffnet. An den nun frei liegenden Einzelsträngen werden anschließend neue komplementäre DNA-Stränge synthetisiert. Dies erfolgt durch das Enzym DNA-Polymerase. Es gleitet am DNA-Einzelstrang entlang und setzt nacheinander die passenden Nukleotide an den wachsenden komplementären Strang. So entsteht aus beiden Einzelsträngen jeweils ein neuer DNA-Doppelstrang.
Da die DNA-Polymerase den neuen Nukleotidstrang nur in 5'-3'-Richtung verlängern kann, findet die Synthese nur an einem der gegenläufigen Stränge kontinuierlich statt. Am anderen Strang erfolgt die Synthese diskontinuierlich, indem kurze Stücke hergestellt werden, die Okazaki-Fragmente. Sie werden anschließend durch das Enzym DNA-Ligase miteinander verbunden.

Seite 69 (Material)

Material A – Experimente von MESELSON und STAHL

A1 Beschreiben Sie die Durchführung des Experiments und begründen Sie, welches Modell bestätigt wurde!
Zunächst werden *E. coli* Bakterien in einem Nährmedium gezüchtet, welches das schwere Stickstoffisotop ^{15}N enthält. Da die Basen der DNA unter anderem aus Stickstoffatomen bestehen, enthält die in diesem Medium gebildete DNA ausschließlich das schwere Isotop ^{15}N.
Im nächsten Schritt wurden ein kleiner Teil der Bakterien zur weiteren Untersuchung entnommen und der Rest in ein Nährmedium überführt, welches das leichte Stickstoffisotop ^{15}N enthielt. Nach einer Zellteilung und nach zwei Zellteilungen wurden auch aus dieser Nährlösung Bakterien entnommen. Aus den zu verschiedenen Zeitpunkten entnommenen Bakterien wurde dann deren DNA isoliert. Die Dichte der isolierte DNA verglichen die Forscher anschließend mithilfe der Dichtegradientenzentrifugation.
Die in dem Medium mit ^{15}N gezüchteten Bakterien setzten sich im Zentrifugengläschen weit unten ab, da sie ausschließlich schwere DNA hoher Dichte enthielten.
Die nach einer Zellteilung isolierte DNA setzte sich in einer mittleren Höhe im Zentrifugengläschen ab. Das heißt, sie hat eine geringere Dichte als vor der ersten Teilung, sie ist halbschwer.
Nach der zweiten Teilung waren im Zentrifugengläschen zwei Banden zu erkennen. Eine Bande, die einer halbschweren DNA entspricht, und eine Bande, die einer leichten DNA entspricht.
Die Verteilung der DNA im Zentrifugengläschen lässt sich nur mit dem semikonservativen Modell der DNA-Replikation erklären. Da die DNA nach einer Zellteilung aus einem alten schweren Strang und einem neuen leichten Strang besteht, muss sie halbschwer sein. Nach einer weiteren Zellteilung entsteht aus der halbschweren DNA eine neue halbschwere und eine neue leichte DNA.
Zusatzinformation: Die Bezeichnung Isotop leitet sich daraus ab, dass zwei oder mehrere Atome am gleichen Ort

im Periodensystem lokalisiert sind. Stickstoff steht in der zweiten Periode in der fünften Hauptgruppe. Die für das Experiment von MESELSON und STAHL verwendeten Isotope ^{14}N und ^{15}N unterscheiden sich lediglich in ihre Masse. Der Atomkern von ^{14}N enthält neben sieben Protonen sieben Neutronen. Die Summe von Protonen und Neutronen ergibt die Masse 14. Der Atomkern von ^{15}N enthält sieben Protonen und acht Neutronen. Daher ergibt sich die Masse 15.
Als Stickstoffquelle für die Bakterien wurde Ammoniumchlorid verwendet, NH_4Cl.

A2 Erklären Sie, wie die Verteilung der DNA bei den anderen Modellen ausgesehen hätte!
Wenn das konservative Modell zutreffen würde, müssten bereits nach der ersten Zellteilung zwei Banden im Zentrifugengläschen sichtbar sein. Eine Bande müsste weit unten zu erkennen sein, da die alte schwere DNA erhalten geblieben wäre. Eine zweite Bande hätte sich weit oben gebildet, da die neu gebildete DNA ausschließlich aus den leichten Bausteinen ^{14}N synthetisiert worden wäre. Nach zwei Zellteilungen wären ebenfalls zwei Banden an den gleichen Orten erkennbar gewesen. Allerdings wäre die Bande für leichte DNA stärker ausgeprägt.
Wenn die DNA-Replikation dem dispersen Modell entsprechen würde, hätte man, wie bei der semikonservativen Replikation, bei gleichmäßiger Verteilung der schweren DNA auf die neuen Stränge, nach einer Zellteilung nur eine Bande für halbschwere DNA erkennen können. Erst nach der zweiten Zellteilung wäre gegenüber dem semikonservativen Modell ein Unterschied sichtbar. Da alle neuen DNA-Doppelstränge neben der neu synthetisierten leichten DNA noch einen geringen Teil der alten, schweren DNA enthalten würden, kann man annehmen, dass nur eine Bande in den Zentrifugengläschen zwischen halbschwerer und leichter DNA sichtbar wäre.

DNA – Träger der Erbinformationen

Seite 70–72

1 Erläutern Sie die Bedeutung der Fähigkeit von Bakterien zur Transformation für die Forschung von GRIFFITH und AVERY!
GRIFFITH konnte zeigen, dass ein Bakterienstamm mittels Transformation die Ausprägung eines Merkmals, welches ursprünglich für einen zweiten Bakterienstamm spezifisch war, übernehmen kann. Er konnte damit nachweisen, dass eine Informationsübertragung zwischen unterschiedlichen Bakterienstämmen möglich ist.
AVERY konnte auf diesen Versuchen aufbauen. Zu dieser Zeit wurden noch verschiedene Komponente, Proteine, DNA und RNA, als mögliche Träger der Erbinformation diskutiert. In Extrakten des Bakterienstammes, welcher das untersuchte Merkmal zeigte, zerstörte er gezielt einzelne der in Frage kommenden Komponente. Da nur die Zerstörung der DNA die Übertragung des Merkmals verhinderte, konnte er auf diese Weise die DNA als Träger der Erbinformation identifizieren.

2 Formulieren Sie eine jeweils passende Hypothese zu den Versuchen in den Abbildungen 02 und 03!
Zu Abbildung 02:
Virulente R-Stamm-Streptokokken können die Erbanlagen von hitzegetöteten S-Stamm-Streptokokken aufnehmen und hierdurch virulent werden.
Zu Abbildung 03:
Die DNA bildet den Träger der Erbinformation, der durch Transformation aufgenommen und zur Ausbildung entsprechender Merkmale genutzt werden kann.

Seite 73 (Material)

Material A – Kompetenzproteine ermöglichen die Bakterientransformation

A1 Beschreiben und deuten Sie die Ergebnisse der mikroskopischen Analyse in tabellarischer Form!

	Beschreibung	Bedeutung
ohne Behandlung	stabförmig, keine Fluoreszenzsignale	Bakterien befinden sich im Normalzustand.
Norofloxacin oder UV-Strahlung	fädige Struktur, Fluoreszenzsignale	Durch die Behandlung wird eine Stressreaktion ausgelöst. Unter Stress werden Transformationskompetenzproteine gebildet.

Zusatzinformation: Die fehlende Fluoreszenzmarkierung bei nicht behandelten Zellen zeigt nicht notwendigerweise das gänzliche Fehlen von Kompetenzproteinen, sondern lediglich, dass deren Anzahl unter der Nachweisgrenze dieses Nachweisverfahrens liegt.

A2 Erläutern Sie den Zusammenhang zwischen Umweltstress und der Neubildung von Transformationskompetenzproteinen der Bakterien! Berücksichtigen Sie hierbei die Basiskonzepte Variabilität und Angepasstheit!
Umweltstress bedeutet, dass eine Zelle eine geringe Angepasstheit an ihre Umwelt aufweist. Diese ist abhängig von den vorhandenen Erbanlagen, der DNA. Durch Aufnahme neuer DNA aus der Umgebung über Transformation, kann das vorhandene DNA-Repertoire erweitert und die Angepasstheit potenziell erhöht werden. Durch Transformation steigt also die Variabilität und damit auch die Chance, passende Erbanlagen für eine höhere Angepasst-

heit zu erlangen. Da die vermehrte Neubildung von Kompetenzproteinen die Aufnahme von DNA aus der Umgebung durch Transformation und damit die Variabilität erhöht, steigt die Chance einer erfolgreichen Anpassung.

A3 Formulieren Sie Vermutungen, welche weiteren Außenfaktoren als Stress auf Bakterien wirken können!

Temperatur, Trockenheit, Giftstoffe, konkurrierende Bakterien, radioaktive Strahlung u. v. m.

A4 Beschreiben Sie das Diagramm! Teilen Sie hierzu die Daten in Abschnitte ein und nutzen Sie diese Abschnitte zur Strukturierung Ihrer Beschreibung!

Hinweis: Bei diesem Diagramm sind die Farben der beiden dargestellten Kurven im Schulbuch (1. Auflage, 1. Druck 2018) leider vertauscht worden.

1. Phase mit geringer bis mittlerer Norfloxacin-Konzentration:
Die Bakteriendichte ist hoch (etwa 13 relative Einheiten), die Neubildung der Kompetenzproteine niedrig (etwa 1 relative Einheit).
2. Phase mit mittlerer bis hohe Norfloxacin-Konzentration:
Es werden vermehrt Kompetenzproteine gebildet (4, dann 11 relative Einheiten), während die Bakteriendichte relativ hoch bleibt (14, dann 11 relative Einheiten).
3. Phase mit hoher Norfloxacin-Konzentration:
Die Bakteriendichte ist nur noch gering (etwa 4, dann 3 relative Einheiten). Die Neubildung der Kompetenzproteine ist hoch, beginnt jedoch wieder abzufallen (etwa 12, dann 8 relative Einheiten).

A5 Deuten Sie die Neubildung der Kompetenzproteine in Abhängigkeit von der Konzentration des Antibiotikums Norfloxacin!

Bei geringer bis mittlerer Norfloxacin-Konzentration (1. Phase) bleibt die Neubildung der Kompetenzproteine niedrig. Die Stressreaktion setzt bei dieser geringen Belastung noch nicht ein. Wird die Norfloxacin-Konzentration weiter erhöht (2. Phase), steigt die Neubildung von Kompetenzproteinen sehr deutlich, sodass hierdurch eine erhöhte Chance der Transformation erreicht wird und gegebenenfalls die Wahrscheinlichkeit einer erfolgreichen Anpassung steigt. Bei einem weiteren Anstieg der Norfloxacin-Konzentration (3. Phase) kommt es zur Abnahme der Neubildung von Kompetenzproteinen, da die Schädigung der Bakterien so groß ist, dass ihre Funktionsweise und damit auch die Proteinbiosynthese beeinträchtigt wird.

A6 Deuten Sie die Entwicklung der Bakteriendichte und stellen Sie Zusammenhänge zur Neubildung der Kompetenzproteine her!

Die Bakteriendichte bleibt bis zu einer mittleren Norfloxacin-Konzentration auf einem hohen Niveau relativ konstant. In dieser Konzentration stellt Norfloxacin keinerlei Bedrohung für die Bakterien da und erfordert somit auch keine Reaktion.

Bei einem weiteren Anstieg der Norfloxacin-Konzentration erhöht sich zunächst die Neubildung von Kompetenzproteinen, es kommt jedoch nicht unmittelbar zu einer Abnahme der Bakteriendichte. In dieser Phase wird Norfloxacin von den Bakterien als akute Gefahr wahrgenommen. Die vermehrte Bildung von Kompetenzproteinen erhöht die Chance auf eine Transformation mit hilfreicher Erbinformation, um dieser Gefahr entgegenzuwirken.

Bei hohen Norfloxacin-Konzentrationen wird die Schädigung der Bakterien so stark, dass diese beginnen abzusterben. Dies beeinträchtigt auch die Proteinbiosynthese und führt zu einem Abfall der Neubildung von Kompetenzproteinen.

2 Realisierung der Erbinformation

Von der DNA zum Merkmal

Seite 74–75

1 Beschreiben Sie die Ähnlichkeit der grundlegenden Struktur von DNA und Polypeptiden!
DNA-Moleküle und Polypeptide bestehen jeweils aus einer linearen Abfolge gleichartiger Bausteine, den Nukleotiden bzw. den Aminosäuren. In dieser sequenziellen Grundstruktur sind sich die Moleküle ähnlich.

2 Erläutern Sie die weitreichendere Gültigkeit der Ein-Gen-ein-Polypeptid-Hypothese im Vergleich zur Ein-Gen-ein-Enzym-Hypothese!
Enzyme bilden eine bestimmte Untergruppe der Polypeptide. Obwohl ihre Bedeutung für die Ausbildung von Merkmalen sehr groß ist, gibt es auch Polypeptide, die direkt bestimmte Merkmale bedingen. Die Ein-Gen-ein-Polypeptid-Hypothese bezieht diese mit ein und ist deshalb weitreichender.

Seite 77 (Material)

Material A – Tryptophansynthese

A1 Bestimmen Sie den Kontrollansatz im Experiment und begründen Sie dessen Notwendigkeit!
Die Kultivierung auf einem Nährmedium ohne Zusätze dient als Kontrolle, da hierdurch nachgewiesen wird, dass in den Pilzen eine Störung des Syntheseweges vorliegt. Alle Kulturen, die auf diesem Medium wachsen, geben keine Aufschlüsse über die Beteiligung der Enzyme, da diese vollständig vorhanden sind.

A2 Erstellen Sie eine Reihenfolge des Synthesewegs der Tryptophansynthese! Begründen Sie Ihr Ergebnis!
Shikimisäure → Indol → Anthranilsäure → Chorisminsäure → Tryoptophan
Die Reihenfolge lässt sich daraus ableiten, dass durch den Ausfall eines Enzyms bzw. Gens immer der gesamte nachfolgende Syntheseweg ausfällt, es sei denn, eines der nachfolgenden Produkte wird über das Medium hinzugegeben. Durch Zugabe von Indol kommt es nur in Ansatz 4 zur Tryptophansynthese. Bei allen anderen Pilzkulturen muss ein späterer Schritt der Kette gestört sein, daher ist Indol das frühste Zwischenprodukt der Kette. Im nächsten Schritt folgt Anthranilsäure, bei dessen Zugabe die Ansätze 1 und 4 Tryptophansynthese betreiben können. Chorisminsäure bildet die letzte Stufe vor Tryptophan, bei dessen Zugabe zusätzlich Ansatz 2 Tryptophan bildet.

A3 Entscheiden und begründen Sie, inwieweit die Versuchsergebnisse die Ein-Gen-ein-Enzym-Hypothese bestätigen oder widerlegen!
Die Ergebnisse zeigen, dass kein Tryptophan mehr hergestellt werden kann, sobald eines der vier Enzyme der Umwandlungsschritte durch einen Gendefekt ausfällt. Da es unwahrscheinlich ist, dass in zwei Genen, die das gleiche Enzym repräsentieren, gleichzeitig Gendefekte entstehen, wird damit die Ein-Gen-ein-Enzym-Hypothese bestätigt.

Material B – Polygenie

B1 Beschreiben Sie den Weg von Gen 1 bis zum Merkmal Hautfärbung!
Gen 1 codiert für ein Protein, das aus einer Vorstufe Melanin bildet. Diese Bildung von Melanin wird durch drei weitere Gene codiert, sodass der Einfluss dieser vier voneinander unabhängigen Gene die Hautfarbe bestimmt.

B2 Erklären Sie, bei welchem Genotyp es zur Ausprägung einer helleren Haut und bei welchem Genotyp es zur Ausprägung einer dunkleren Haut kommt!
Alle vier Gene liegen als dominante oder rezessive Genvarianten vor. Trägt ein Mensch bei allen vier Genen die jeweils rezessiven Genvarianten (homozygot), dann hat er eine besonders helle Haut, da diese nicht zur Bildung von Melanin beitragen. Je mehr Genvarianten in der dominanten Variante vorliegen (homozygot oder heterozygot), umso dunkler ist die Ausbildung der Hautfarbe.

B3 Geben Sie begründet an, welche Hautfarbe eine Person mit dem Genotyp Aa, Bb, Cc und Dd besitzt!
Da zu jedem Gen eine dominante Genvariante vorliegt, bestimmt bei allen Genen trotz der heterozygoten Kombination die dominante Genvariante in Form dunklerer Haut die Merkmalsausprägung. Daher hat eine Person mit dem Genotyp AaBbCcDd eine sehr dunkle Hautfarbe.

B4 Erläutern Sie, ob ein Paar, das selbst eine mittelbraune Hautfarbe hat, ein Kind mit deutlich dunklerer Hautfarbe bekommen kann!
Es ist möglich, dass ein Paar mit mittelbrauner Hautfarbe ein Kind mit deutlich dunklerer Hautfarbe bekommen kann. Auch wenn die Eltern jeweils nur bei zwei der Gene über die dominante Genvariante verfügen, können sich diese bei ihrem Kind so ergänzen, dass es bei allen Genen die dominante Genvariante vorliegen hat und damit eine deutlich dunklere Hautfarbe hat als seine Eltern.
Beispiel:
Vater: aabbCcDd
Mutter: AaBbccdd
Kind: AaBbCcDd

Transkription

Seite 78–80

1 Stellen Sie den Prozess der Transkription als Fließschema dar!

RNA-Polymerase bindet an Promotorregion der DNA
↓
DNA-Doppelstrang wird getrennt
↓
komplementäre Anlagerung von RNA-Nukleotiden an den Matrizenstrang
↓
RNA-Polymerase wandert entlang des Matrizenstrangs
↓
RNA-Transkript entsteht
↓
RNA-Polymerase löst sich an der Terminatorregion von der DNA
↓
vollständiges RNA-Transkript wird frei

2 Notieren Sie in der linken Spalte einer Tabelle alle beteiligten Komponenten der Transkription und erläutern Sie in der rechten Spalte deren jeweilige Bedeutung!

Komponente	Bedeutung
DNA	dient als Vorlage für die Herstellung der mRNA
RNA Polymerase	Die RNA Polymerase bindet bei der Initiation spezifisch an die Promotorregion der DNA und trennt die komplementären Stränge voneinander. Anschließend verbindet sie bei der Elongation die zum codogenen DNA Strang komplementären RNA-Nukleotide zur mRNA.
Promotor	DNA Sequenz, die für die RNA-Polymerase als Bindestelle dient und sicherstellt, dass der Ablesevorgang am Anfang eines Gens beginnt.
RNA-Nukleotide	bestehen aus einem Zuckerbaustein, der Ribose, Phosphat und einer der vier organischen Basen, Adenin, Guanin, Cytosin und Uracil.
Terminator	DNA Sequenz, die der RNA-Polymerase als Zeichen zur Termination der mRNA-Synthese dient.

3 Erläutern Sie, wie es gelingt, dass beim Umschreiben der DNA in eine RNA keine Informationen verloren gehen!

Durch festgelegte Start- und Stoppregionen, Promotor und Terminator genannt, wird gewährleistet, dass stets der gesamte Abschnitt transkribiert wird, der für die Herstellung eines Polypeptids nötig ist. Bei diesem Prozess werden ausschließlich die zum codogenen DNA-Strang komplementären RNA-Nukleotide an die entstehende mRNA angehängt und somit enthält auch die synthetisierte mRNA-Sequenz die vollständige in der DNA-Sequenz enthaltene Information. Da die RNA-Polymerase dabei immer in 5'-3'-Richtung des DNA-Strangs arbeitet, erfolgt die Transkription außerdem immer in derselben Richtung.

Seite 81 (Material)

Material A – Operon-Modell der Genregulation bei Prokaryoten

A1 Teilen Sie das Diagramm in Phasen ein!

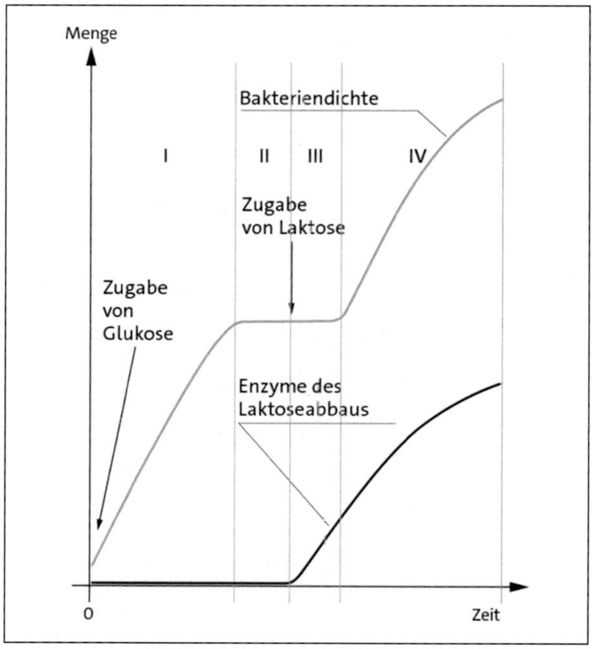

A2 Beschreiben Sie das Diagramm mit Bezug zu den Phasen!

Das Diagramm zeigt die Bakteriendichte und die Menge der Enzyme zum Laktoseabbau in Abhängigkeit von der Zeit bei zeitlich versetzter Zugabe von Glukose und Laktose.
Nach Zugabe der Glukose zu Beginn der Messung steigt die Bakteriendichte während Phase I kontinuierlich von einem geringen Niveau auf ca. 50 % der maximalen Bakteriendichte. Nachfolgend bleibt die Bakteriendichte über die Phasen II und III konstant. In Phase IV steigt die Bakteriendichte nahezu konstant auf einen Maximalwert am Ende der Messung.
Während Phase I und II liegt die Menge der Enzyme zum Laktoseabbau auf Nullniveau. Ab der Zugabe von Laktose steigt die Menge der Enzyme zum Laktoseabbau über die Phasen 3 und 4 nahezu konstant an.

A3 Deuten Sie die beschriebenen Daten aus dem Diagramm bezüglich eines Zusammenhangs zwischen Laktoseangebot und Enzymmenge sowie bezüglich der Bakteriendichte!
Die Bakteriendichte steigt, solange ein ausreichendes Nahrungsangebot vorhanden ist. In Phase I ist dies der Fall, da die zugegebene Glukose als Energiequelle genutzt werden kann. Das Bakterienwachstum stagniert in Phase II, wenn die Glukose zunehmend abgebaut ist. Wird dann Laktose zugegeben, müssen die entsprechenden Laktose abbauenden Enzyme in Phase III zunächst gebildet werden. Diese Enzyme werden also erst gebildet, wenn die Verarbeitung von Laktose notwendig ist und die Bakterien können somit die Bildung der Enzyme regulieren. Sind in Phase IV ausreichende Mengen dieser Enzyme vorhanden um die Laktose zu verarbeiten kommt es zu einem erneuten Anstieg der Bakteriendichte, da diese nun als Energiequelle zur Verfügung steht.

A4 Die Abbildungen A und B zeigen das lac-Operon-Modell in zwei verschiedenen Zuständen. Vergleichen Sie diese Zustände, indem Sie eine dreispaltige Tabelle anlegen! Notieren Sie in der linken Spalte die Strukturen des Prozesses (Regulatorgen, Promotor, Operator, Strukturgene, Repressor und RNA- Polymerase)! Charakterisieren Sie in den beiden anderen Spalten die jeweiligen Zustände dieser Strukturen, zum Beispiel aktiv oder inaktiv, und ihre Funktion, zum Beispiel codiert für das Repressorprotein!

Struktur	Zustand	Repressors die RNA-Polymerase blockieren
Regulatorgen	A: aktiv B: aktiv	codiert für das Repressorprotein
Promotor	A: frei B: frei	stellt die Startregion für die RNA-Polymerase dar
Operator	A: blockiert B: frei	kann durch Bindung des Repressors die RNA-Polymerase blockieren
Strukturgene	A: werden nicht abgelesen B: werden abgelesen	codieren für die Enzyme zum Laktoseabbau
Repressor	A: aktiv B: inaktiv	wird durch Bindung von Laktose inaktiviert, bindet im aktiven Zustand an den Operator und blockiert dadurch die RNA-Synthese
RNA-Polymerase	A: inaktiv B: aktiv	synthetisiert ein komplementäres RNA-Transkript, das zur Bildung der Enzyme führt

A5 Stellen Sie einen Zusammenhang zwischen dem Diagramm und dem Operon-Modell her, indem Sie die Modellvarianten A und B den passenden Phasen des Diagramms begründet zuordnen!
Modellvariante A entspricht den Phasen I und II, in der keine Synthese der Enzyme zum Laktoseabbau stattfindet. Da keine Laktose vorhanden ist, ist der Repressor aktiv und blockiert über die Bindung an den Operator die Enzymsynthese.
Modellvariante B entspricht den Phasen III und IV. Durch die Zugabe von Laktose wird der Repressor inaktiv, bindet nicht mehr an den Operator und die Strukturgene können abgelesen werden, sodass Enzyme zum Laktoseabbau synthetisiert werden und ihre Menge entsprechend ansteigt.

Genetischer Code

Seite 82–84

1 Erklären Sie, weshalb ein Code aus Einheiten mit zwei Basen nicht ausreicht, um die Informationen zum Aufbau von Polypeptiden zu speichern!
Ein Code aus 2 Basen würde nur 16 Basenkombinationen bieten. Diese würden nicht ausreichen, um die 20 verschiedenen Aminosäuren zu codieren.

2 Nennen Sie Merkmale des genetischen Codes und erklären Sie die Bedeutung dieser Merkmale!
Eindeutig: Dies sichert eine konstante Ausbildung von Merkmalen.
Kommafrei: Da beim Ablesen keine Lücken („Kommas") entstehen, wird von einem DNA-Abschnitt stets dasselbe RNA-Transkript abgelesen.
Überlappungsfrei: Auch durch Überlappungen beim Ablesen, würden jeweils unterschiedliche Transkripte entstehen, also keine konstante Merkmalsausbildung stattfinden.
Universell: Der genetische Code gilt mit wenigen Ausnahmen vom Bakterium bis zum Menschen. Dies belegt die Verwandtschaft aller Lebewesen und ermöglicht die Übertragung der DNA zwischen verschiedenen Lebewesen, zum Beispiel durch Transformation.

Seite 85 (Material)

Material A – Trinukleotid-Experimente

A1 Nennen Sie für die gezeigte Trinukleotid-RNA die möglichen Tripletts!
GUU, UGU, UUG

A2 Bestimmen Sie die Aminosäuresequenzen, die hier je nach Leseraster im zellfreien System entstehen können!
Val-Val-Val-...
Cys-Cys-Cys-...
Leu-Leu-Leu-...

A3 Bestimmen Sie entsprechend die möglichen Tripletts und Aminosäuresequenzen der Peptide für das Tetranukleotid UAUC!
-UAU-CUA-UCU-AUC-UAU-C
...-Tyr-Leu-Ser-Ile-...
U-AUC-UAU-CUA-UCU-AUC
...-Ile-Tyr-Leu-Ser-...
UA-UCU-AUC-UAU-CUA-UC
...-Ser-Ile-Tyr-Leu-...
Es entsteht stets folgende Aminosäuresequenz:
...-Tyr-Leu-Ser-Ile-Tyr-Leu-Ser-Ile-...

Material B – Codesonne

B1 Nennen Sie alle möglichen Basentripletts der RNA für die Aminosäure Leucin!
Mögliche Codons für Leucin sind:
CUC, CUU, CUG, CUA, UUG und UUA.
Zusatzinformation: Für die 20 Aminosäuren stehen im genetischen Code 64 Kombinationsmöglichkeiten, das heißt 64 verschiedene Codons, zur Verfügung. Neben den Codons für Start und Stopp der Proteinbiosynthese gibt es Mehrfachbelegungen für Aminosäuren. Man bezeichnet daher den genetischen Code auch als degeneriert oder redundant.

B2 Übersetzen Sie die mRNA-Sequenz AUG GUA AAG CCA AGA CAC UGA sowohl in die DNA als auch in die Aminosäuresequenz!
DNA-Sequenz:
TAC-CAT-TTC-GGT-TCT-GTG-ACT
Aminosäuresequenz:
Met(Start)-Val-Lys-Pro-Arg-His-Stop

Material C – Das genetische Alphabet

C1 Übersetzen Sie die als DNA codierte Information!
Lösungswort: ?CODE?

C2 Zwei Tripletts zeigen keine Zuordnung zu einem Buchstaben. Stellen Sie Vermutungen an, welche Funktion diese besitzen könnten!
Um die Information der DNA korrekt ablesen zu können, muss der Beginn und das Ende der zu übersetzenden Information gekennzeichnet werden. In diesem Falle Anfang und Ende des Wortes Code. Die mit Fragezeichen gekennzeichneten Codons könnten den Anfang oder Start der Information und das Ende oder Stopp der Information angeben.
Zusatzinformation: Im genetischen Alphabet existieren keine Satzzeichen. Start- und Stopp-Codons kennzeichnen aber Beginn und Ende der genetischen Information.

C3 Nennen Sie die Strukturen, die bei der Proteinbiosynthese den Buchstaben und dem ganzen Wort entsprechen!
Ein Buchstabe entspricht einem Farbentriplett beziehungsweise einem Basentriplett in der DNA und somit in der Proteinbiosynthese einer Aminosäure. Sowie mehrere Buchstaben zusammen ein Wort ergeben, ergeben mehrere Aminosäuren ein Protein.

C4 Beschreiben Sie die Folgen, wenn der lila gekennzeichnete Teil der DNA verloren geht! Übersetzen Sie auch diese Information!
Fehlt das lila gekennzeichnete Basenpaar im DNA-Strang, so können die ersten beiden Codons noch korrekt abgelesen werden (? und C). Alle weiteren Basentripletts sind verschoben und codieren damit für andere Buchstaben. Somit geht auch die in der DNA-Sequenz enthaltene Information verloren.
Das Lösungswort ist: ?CPZT

C5 Zeichnen Sie ein weiteres denkbares Farbentriplett für den Buchstaben E!
Individuelle Schülerlösung.
Zusatzinformation: Der Buchstabe E wird durch gelb-grün-rot codiert. Weitere Codierungsmöglichkeiten, welche nicht vergeben sind, wären zum Beispiel: gelbgrün-gelb, gelb-grün-grün, blau-blau-blau, usw.

Translation

Seite 86–88

1 Erläutern Sie die Bedeutung der tRNA als „Übersetzer"!
Die tRNA bildet das Verbindungsmolekül zwischen der mRNA und den Aminosäuren. Dadurch, dass die tRNA-Moleküle stets eine bestimmte Kombination von Anticodon und beladener Aminosäure aufweisen, stellen sie jeweils eine spezifische Bindung zwischen dem Codon der mRNA und der Aminosäure her. Hierdurch „übersetzen" sie die mRNA-Codons gemäß Codesonne in die Aminosäuresequenz der Proteine.

2 Stellen Sie die Translation als Fließschema dar!

Bildung eines Translationskomplexes aus mRNA, Ribosom und einer Start-tRNA mit Methionin an Bindungsstelle 2

↓

Bindung einer weiteren tRNA an die mRNA bei Bindungsstelle 1

↓

Transfer der Aminosäure Methionin der Start-tRNA auf die Aminosäure der benachbarten tRNA

↓

Verschiebung der unbeladenen tRNA von Position 2 auf → 3 und Ablösen aus dem Komplex

↓

Wechsel der tRNA von Position 1 auf Position 2 und Bindung einer neuen tRNA an Position 1

↓

Bindung der Aminosäuren der tRNA an Position 2 an die Aminosäure der tRNA an Position 1

↓

Ablösen der Ribosomenuntereinheiten von der mRNA und Freisetzung der Aminosäurekette bei Erreichen des Stopp-Codons

↓

Entfernen des Start-Methionins am Anfang der Kette

Seite 89 (Material)

Material A – Proteinbiosynthese

A1 Tragen Sie alle Komponenten der Proteinbiosynthese in die linke Spalte einer zweispaltigen Tabelle ein und beschreiben Sie in der rechten Spalte die jeweilige Funktion der Komponenten!

Komponente	Bedeutung
DNA	Träger der Erbinformation/Basensequenz
RNA Polymerase	Enzym zur Synthese komplementärer mRNA
mRNA	Träger der transkribierten Erbinformation
Ribosom	Molekül-Komplex zur Polypeptidsynthese
tRNA	Träger von Aminosäuren mit spezifischer Bindungsstelle (Anticodon) für mRNA-Tripletts
Aminoacyl-tRNA-Synthetase	Enzymkomplex zur Beladung von tRNAs mit Aminosäuren
Polypeptid	Ergebnis der Proteinbiosynthese

A2 Entscheiden Sie, ob die genannten Alltagsgegenstände eine Ähnlichkeit mit einer der Komponenten der Proteinbiosynthese aufweisen:
Backofen, Fotokopierer, Hefter, Autowaschstraße, Backofen, Drehtür, Paketbote, Telefonbuch! Erläutern Sie die entsprechenden Analogien!

Backofen: Ähnlichkeit zu allen Enzymen des Prozesses (z. B. RNA-Polymerase), da sie ähnlich wie bei einer Temperaturerhöhung die Reaktionswahrscheinlichkeit erhöhen.
Fotokopierer: Ähnlichkeit zur RNA-Polymerase, Übereinstimmung, da leicht veränderte Kopie der DNA-Information in mRNA-Informationen erfolgt.
Hefter: Ähnlichkeit zum Ribosom, da es das Binden der Aminosäurekette an die Aminosäure der benachbarten Bindungsstelle ermöglicht.
Autowaschstraße: Keine Übereinstimmung, da die mRNA zwar durch das Ribosom wandert, dieser Prozess aber keine Ähnlichkeit zu einem Waschvorgang hat.
Drehtür: Ähnlichkeit zum Ribosom, da die tRNA ähnlich wie bei einer Drehtür von Eintritt bis Austritt verschiedene Positionen durchläuft.
Paketbote: Ähnlichkeit zu tRNA, da diese Moleküle Aminosäuren durch Codon-Anticodon-Bindung an eine spezifische Position „bringen“.
Telefonbuch: Ähnlichkeit zu DNA, da Träger vielfältiger Informationen mit festgelegter Reihenfolge.

A3 Vergleichen Sie Abbildung A mit dem Originalfoto B der Proteinbiosynthese und der passenden Schemazeichnung C! Diskutieren Sie Abbildung A auf dieser Grundlage kritisch!
Die *Abbildungen B* und *C* zeigen, dass an einem DNA-Strang gleichzeitig viele Transkriptionsprozesse und an dem dadurch gebildeten mRNA-Strang wiederum mehrere parallele Translationsprozesse ablaufen. *Abbildung A* zeigt demnach die beiden Teilprozesse der Proteinbiosynthese singulär und voneinander getrennt.

A4 Entscheiden und begründen Sie, ob das Originalfoto von einer pro- oder eukaryotischen Zelle stammt!
Das Originalfoto stammt von einer prokaryotischen Zelle, da Transkription und Translation innerhalb eines Strukturkomplexes direkt aufeinanderfolgen, während sie in eukaryotischen Zellen in unterschiedlichen Kompartimenten wie dem Zellkern und dem Zellplasma stattfinden.

A5 Entscheiden und begründen Sie, welche Teilaspekte der Proteinbiosynthese den folgenden Basiskonzepten zugeordnet werden können:
- **Variabilität und Angepasstheit;**
- **Information und Kommunikation;**
- **Stoff- und Energieumwandlung!**

Variabilität und Angepasstheit:
Die tRNA-Moleküle zeigen eine hohe Variabilität bzgl. ihrer Bindungsstellen und weisen zugleich eine hohe Spezifität und damit Angepasstheit an bestimmte Codon-Aminosäure-Kombinationen auf.

Information und Kommunikation:
Beide Teilschritte der Proteinbiosynthese stellen eine Informationsweitergabe von der DNA zur mRNA und schließlich zur Aminosäuresequenz dar.
Stoff- und Energieumwandlung:
Die Proteinbiosynthese ist ein Prozess, in dem Stoffe in Form von Polypeptiden aus einzelnen Aminosäurebausteinen aufgebaut werden, sodass ein Stoffumwandlungsprozess stattfindet. Dies geht in vielen Teilschritten mit Energieumwandlungen einher, wenn z. B. die Energie von ATP genutzt wird, um eine tRNA mit einer Aminosäure zu beladen.

3 Genetische Vielfalt

Geschlechtszellen

Seite 90–92

1 Vergleichen Sie den Bau und die Eigenschaften von Eizelle und Spermienzelle in Form einer Tabelle!

	Eizelle	Spermienzelle
Größe	120-200 Mikrometer	Gesamtlänge 60 Mikrometer, davon 5 Mikrometer Kopfbereich
Form	Rundlich	Länglich, bestehend aus Kopf und Schwanzfaden
Bau	– Zellkern – Nährstoffreiches Zytoplasma – Zellmembran – umgeben von Eihülle und Follikelzellen	Drei unterscheidbare Abschnitte: – Kopfteil mit Zellkern und Akrosom – Mittelteil mit Mitochondrien – Endteil mit Geißel
Beweglichkeit	nur passiv	Aktiv
Bildungsort	Eierstock	Hoden
Chromosomensatz	22 Autosomen 1 X-Chromosom	22 Autosomen 1 Y-Chromosom

2 Erläutern Sie die Bedeutung der genetischen Besonderheiten der Geschlechtszellen für die sexuelle Fortpflanzung!
Die Geschlechtszellen enthalten einen haploiden Chromosomensatz. Bei der Befruchtung und Verschmelzung des väterlichen und mütterlichen Vorkerns werden die Chromosomensätze zu einem diploiden Chromosomensatz kombiniert. Dabei stammt jeweils die Hälfte der genetischen Information vom Vater, die andere Hälfte von der Mutter. Diese Reduktion auf einen haploiden Chromosomensatz in den Geschlechtszellen ist also nötig, um zu vermeiden, dass sich der Chromosomensatz von Generation zu Generation verdoppelt.

Seite 93 (Material)

Material A – Spermatogenese – Reifung von Spermienzellen beim Menschen

A1 Ordnen Sie die Phasen der Meiose den Zahlen in der Abbildung der Spermatogenese zu! Beschreiben Sie die Abläufe von A bis G!
1 = Frühe Prophase I
A: Der Spindelfaserapparat bildet sich. Die Kernhülle löst sich auf. Die Chromosomen verdichten sich und werden sichtbar. Homologe Zwei-Chromatiden-Chromosomen lagern sich aneinander und sind anschließend als Tetraden erkennbar.
2 = Späte Prophase I
B: Die Tetraden wandern in die Äquatorialebene. Chiasmata werden als Folge von Crossing-over sichtbar. Die Spindelfasern treten mit den Zentromeren der Chromosomen in Kontakt.
3 = Metaphase I
C: Die homologen Zwei-Chromatiden-Chromosomen werden getrennt und bewegen sich in Richtung der Zellpole. Die Zahl der Chromosomen, die zu jedem Zellpol wandern, ist nun auf die Hälfte reduziert.
4 = Anaphase I und Telophase I
D: Die Chromosomen sammeln sich an den Polen, die Zellkörper werden geteilt. Bei der Spermatogenese findet die Zytokinese gleichmäßig statt und es entstehen gleichgroße Zellen. Die Zellen machen nur eine kurze Interphase durch, ohne dass die DNA verdoppelt wird. Die Zwei-Chromatiden-Chromsomen ordnen sich in der Äquatorialebene der beiden Tochterzellen an.
5 = Metaphase II
E: Die Zwei-Chromatiden-Chromsomen werden getrennt und die Ein-Chromatid-Chromosomen bewegen sich zu den entgegengesetzten Zellpolen.
6 = Anaphase II
F: Es bildet sich die neue Kernhüllen. Jede Tochterzelle besitzt nun den haploiden Chromosomensatz.
7 = Telophase II
Spermienreifung: Es bilden sich die reifen haploiden Spermienzellen.
8 = Vier haploide Spermienzellen

A2 Erläutern Sie Gemeinsamkeiten und Unterschiede der Oogenese und der Spermatogenese!

Beide Gametensorten werden durch eine besondere Form der Zellteilung, die Meiose, gebildet. Allerdings werden Eizellen nur im weiblichen Körper in den Eierstöcken gebildet, männliche Keimzellen nur in den Hoden. Die Meiose der Urkeimzellen bei Oogenese und Spermatogenese laufen in Bezug auf die Verteilung der Chromosomen gleich ab: Sowohl die Reduktion des Chromosomensatzes in der 1. Reifeteilung als auch die Teilung der haploiden Zellen in zwei Tochterzellen entsprechen sich in beiden Vorgängen. Allerdings verlaufen die jeweiligen Zellteilungen bei der Oogenese unsymmetrisch. Eine der Zellen, die während der ersten Reifeteilung entsteht, erhält mehr Plasma als die andere. Nach der zweiten Reifeteilung liegen vier ungleich große Zellen vor: drei kleine Polkörper und eine große Eizelle. Nur diese kann zur Befruchtung kommen.

Die Spermienzellen müssen nach der meiotischen Teilung noch einen Differenzierungs- und Reifeprozess durchlaufen, in dem sie ihre Gestalt verändern. Dabei ist die Umgestaltung der Zelle deutlich: Geißel und Akrosom werden gebildet, die Menge an Zytoplasma ist reduziert, die Mitochondrien des Zytoplasmas sammeln sich im Mittelstück. Im Kopfabschnitt befindet sich die genetische Information.

A3 Begründen Sie, dass Meiosen die Voraussetzung für sexuelle Fortpflanzung sind!

Bei der sexuellen Fortpflanzung verschmelzen zwei Zellen, die dann der Ausgangspunkt der Entwicklung eines neuen Lebewesens sind. Vor der Verschmelzung und Durchmischung der Chromosomensätze werden diese auf die Hälfte reduziert, um zu vermeiden, dass sich der Chromosomensatz von Generation zu Generation verdoppelt.

A4 Vergleichen Sie Mitose und Meiose und stellen Sie die Unterschiede übersichtlich tabellarisch dar! Skizzieren Sie dazu wesentliche Phasen, die die Unterschiede bedingen!

	Mitose	Meiose
Prophase	– Kondensation der Zwei-Chromatiden-Chromosomen – Auflösen der Kernhülle und Ausbildung des Spindelfaserapparats	– Kondensation der Zwei-Chromatiden-Chromosomen – Auflösen der Kernhülle und Ausbildung des Spindelfaserapparats – Paarung homologer Chromosomen in Tetraden – Austausch von Chromosomenabschnitten durch crossing over.
Metaphase / Anaphase	– Anordnung in der Äuquatorialebene. – Trennung der Zwei-Chromatiden-Chromosomen und –Verteilung der Ein-Chromatid-Chromosomen auf die beiden Zellpole	– Anordnung der Tetraden in der Äquatorialebene. – Trennung der homologen Zwei-Chromatiden-Chromosomen und Verteilung auf die Zellpole – Reduktion des Chromosomensatzes von 46 auf 23 Chromosomen
Telophase	– Bildung einer Kernmembran – Entspiralisierung der Chromosomen	– keine Bildung einer neuen Kernmembran – keine Entsprialisierung.
Zytokinese	Teilung des Zellplasmas	Teilung des Zellplasmas
Interphase	– Zeitraum zwischen zwei Zellteilungen – Verdopplung der DNA	keine Verdopplung der DNA
Reifeteilung II	–	– Zwei-Chromatiden-Chromosomen werden in zwei Ein-Chromatid-Chromosomen getrennt und auf die entgegengesetzten Spindelpole aufgeteilt
Ergebnis	zwei genetisch identische, diploide Tochterzellen	vier genetisch unterschiedliche, haploide Keimzellen

Skizze: Siehe Abbildung nächste Seite.

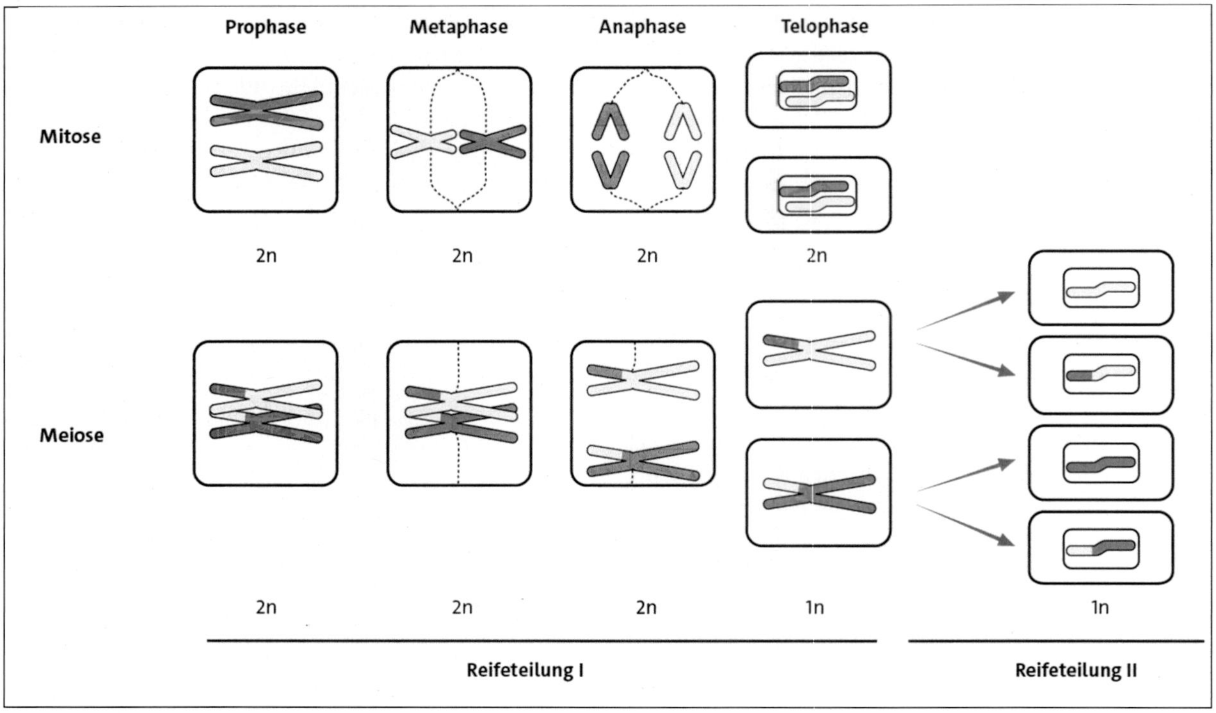

A5 Erklären Sie anhand der Abbildung zur Spermatogenese, weshalb Geschlechtszellen genetisch unterschiedlich sind!

In der Abbildung sind die Chromosomen zur Unterscheidung unterschiedlich eingefärbt. Die väterlichen Chromosomen sind blau gekennzeichnet, die mütterlichen rot. Verfolgt man die Verteilung der Chromosomen, die ja unterschiedliche Informationen tragen, so erkennt man, dass die homologen Chromosomen zufällig auf die Zellpole verteilt werden. Außerdem kann es durch Crossing-over zu Stückaustausch zwischen Zwei-Chromatiden-Chromosomen kommen. Dadurch sind die vier Zellen, die bei der Meiose entstehen, genetisch verschieden.

Zusatzinformation: Folge dieser Prozesse ist die Neukombination oder Rekombination von genetischer Information bei der Befruchtung.

Material B – Behandlung von Unfruchtbarkeit beim Mann

B1 Beschreiben Sie die Veränderungen, die die Zellen von der Urspermienzelle (Spermatogonie) bis zur fertigen Spermienzelle durchmachen!

Die Spermienzellen entwickeln sich aus den Spermatogonien, die in den Samenkanälchen des Hodens liegen. Aus den Spermatogonien entwickeln sich durch Mitose viele Spermatozyten. Diese sind diploid. Die Spermatozyten durchlaufen nun die meiotischen Teilungsschritte und liegen nach der 2. Reifeteilung als haploide Spermatiden vor. Diese reifen dann zu beweglichen Spermienzellen, den Spermatozoen, heran. Während der Reifeschritte wandern die jeweiligen Spermienvorläuferzellen vom Rand des Samenkanälchens in die Mitte.

B2 Entwickeln Sie eine begründete Vermutung, welche Zellen aus dem Hoden die Wissenschaftler für die künstliche Befruchtung entnommen haben!

Die Wissenschaftler haben die rundlichen Spermatiden genutzt, die zwar die Zelldifferenzierung zur fertigen, beweglichen Spermienzelle noch nicht vollzogen haben, anderseits bereits alle Reifeteilungsschritte durchlaufen haben. Sie sind haploid und enthalten Ein-Chromatid-Chromosomen. Diese Zellen können in eine Eizelle injiziert werden und somit eine Befruchtung imitieren. Die anderen Vorläuferzellen sind nicht geeignet, da ihr Chromosomensatz noch nicht halbiert wurde beziehungsweise die Chromosomen noch als Zwei-Chromatiden-Chromosomen vorliegen. Eine künstliche Befruchtung mit diesen Zellen würde zu einer Überzahl an Chromosomen führen.

B3 Zeigen Sie anhand von Skizzen zur Metaphase I und II, wie viele X- und Y-haltige Spermienzellen aus jeder Urgeschlechtszelle entstehen können!

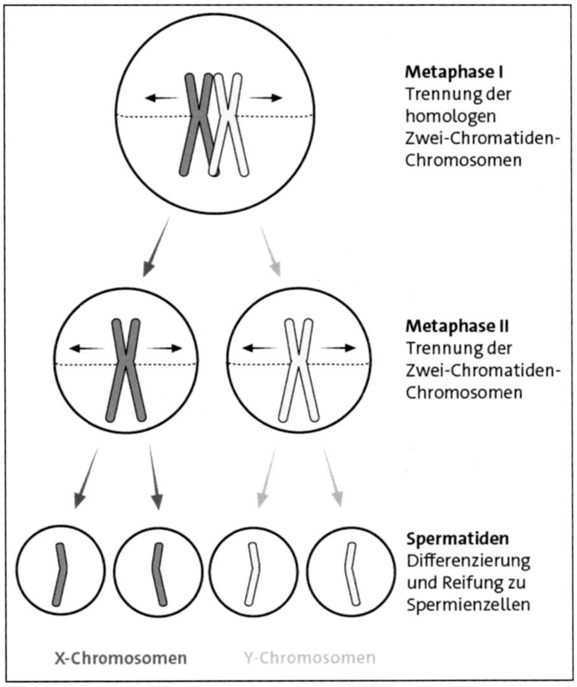

Anhand der Skizze wird deutlich, dass bei der Spermatogenese X- und Y-haltige Spermienzellen im Verhältnis 1:1 entstehen.

B4 Zeichnen Sie schematisch die Befruchtung einer Eizelle, die zu einem Jungen beziehungsweise zu einem Mädchen führt! Entwickeln Sie eine Hypothese, wie viele Jungen und Mädchen bei natürlicher Befruchtung zu erwarten wären!

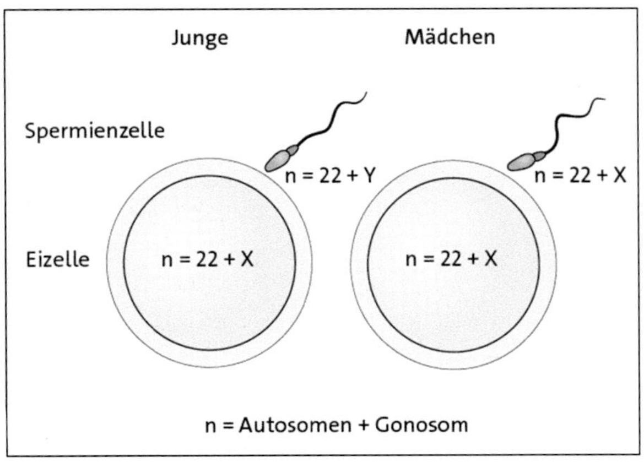

Da bei der Spermatogenese zu 50 % X-chromosmenhaltige Spermienzellen gebildet werden und 50 % Y-chromosomenhaltige Spermienzellen vorliegen, ist bei einer natürlichen Befruchtung ein Verhältnis von 1:1 von Mädchen zu Jungen zu erwarten.

B5 Recherchieren Sie Erklärungen für Abweichungen vom zu erwartenden Verhältnis auch bei einer natürlichen Befruchtung!

Individuelle Schülerlösung.

Zusatzinformation: Laut statistischem Bundesamt kamen 2013 in Deutschland 51 Prozent Jungen, 49 Prozent Mädchen zur Welt. Das entspricht auch den weltweiten relativen Zahlen zum Geschlechtsverhältnis. Forschungen dazu zeigen, dass offenbar zum Zeitpunkt der Befruchtung das Verhältnis Junge/Mädchen noch 1:1 ist. Allerdings überleben insgesamt etwas mehr genetisch männliche Embryonen und Feten die Schwangerschaft. Außerdem scheinen Umwelteinflüsse wie Ernährung und Krisen einen Einfluss auf das Geschlechtsverhältnis zu haben.

Veränderungen der Erbinformation

Seite 94–96

1 Vergleichen Sie Genommutation, Chromosomenmutation und Genmutation bezüglich des Umfangs der veränderten Erbinformation!

Der Umfang der veränderten Erbinformationen ist bei Genommutationen am größten, da hier ganze Chromosomen entfallen oder hinzukommen. Bei Chromosomenmutationen ist dieser Umfang geringer, da hier nur Teile eines Chromosoms verändert sind. Die geringste Veränderung der Erbinformationen verursachen Genmutationen, da hier nur einzelne oder mehrere Basen der DNA-Sequenz entfallen, hinzukommen oder ersetzt werden.

2 Erklären Sie, weshalb innerhalb der Genmutationen durch Deletionen und Insertionen größere Auswirkungen hervorgerufen werden als durch Substitutionen!

Bei einer Substitution wird nur eine Base durch eine andere ersetzt, sodass entweder eine oder keine (stumme Mutation) veränderte Aminosäure in der Sequenz ausgebildet wird, ohne dass sich das Leseraster verändert. Wenn jedoch durch die Substitution ein Stoppcodon entsteht, kommt es zu größeren Auswirkungen, da hierdurch die Aminosäuresequenz abbricht. Deletionen und Insertionen führen hingegen stets zu einer Leserasterverschiebung mit entsprechenden Veränderungen der gesamten nachfolgend abgelesenen Basensequenz und damit Aminosäuresequenzabfolge.

Seite 97 (Material)

Material A – Genmutationen

A1 Beschreiben Sie jeweils die eingetretene Veränderung der Mutationen 1–3 und benennen Sie, ob es sich um eine Substitution, Deletion oder Insertion handelt.

Genmutation B: Substitution. Beim dritten Basentriplett wurde die letzte Base Guanin durch Adenin ausgetauscht.

Genmutation C: Substitution. Beim zweiten Basentriplett wurde die erste Base Thymin durch Adenin ausgetauscht.

Genmutation D: Deletion. Beim zweiten Basentriplett ist die dritte Base Cytosin verloren gegangen.

A2 Ermitteln Sie mithilfe der Codesonne die entsprechende Auswirkung der Mutationen 1–3 auf die Aminosäuresequenz des Peptids! Die Basenfolge AAC ist von links beginnend das erste Triplett des DNA-Ausschnittes.

Hinweis: Bei dieser Aufgabe ist in der Fragestellung im Schulbuch (1. Auflage, 1. Druck 2018) leider eine falsche Basenfolge enthalten. Diese muss gemäß der Abbildung ACG heißen.

A: Thr-Lys-Gly
B: Thr-Lys-Gly
→ Keine Veränderung (Stumme Mutation)
C: Thr
→ Abbruch der Kette (Nonsense-Mutation)
D: Thr-Lys-Ala-?
→ Veränderte Aminosäure (Missense-Mutation)

Material B - Mondscheinkinder

B1 Beschreiben Sie die Vorgänge der Reparatur von UV-bedingten DNA- Schäden!

Das Reparaturenzym erkennt die fehlerhafte DNA-Stelle und schneidet den DNA-Strang ein kleines Stück vor und hinter den verknüpften Thyminbasen durch. Der mutierte DNA-Abschnitt wird entfernt. An der entstandenen Lücke lagern sich Basen komplementär an. Der entfernte DNA-Abschnitt ist somit wieder vollständig ergänzt und repariert.

B2 Beschreiben Sie das Kurvendiagramm eines *Xeroderma pigmentosum*-Patienten und einer gesunden Person und werten Sie es aus!

Auf der X-Achse kann man das Lebensalter der Menschen ablesen und auf der Y-Achse den Prozentsatz der an Hautkrebs erkrankten Personen. Anhand des Kurvendiagramms kann daher abgelesen werden, wie viele *Xeroderma pigmentosum*-Patienten im Vergleich zu gesunden Personen mit zunehmendem Alter an Hautkrebs erkranken. Die ersten Fälle sind bei *Xeroderma pigmentosum*-Patienten bereits nach der Geburt zu beobachten, bei Gesunden erst im Alter von 20 Jahren. Außerdem steigt sie bei *Xeroderma Pigmentosum*-Patienten deutlich steiler an als bei gesunden Personen. Die 100 Prozent-Marke wird bereits im Lebensalter von circa 25 Jahren erreicht. Gesunde Personen erreichen sie erst nach über 80 Jahren.

B3 Stellen Sie eine Hypothese auf, welche Genmutation bei einem *Xeroderma pigmentosum*-Patienten vorliegt!

UV-Strahlung kann bei allen Menschen zu einer Verknüpfung benachbarter Thyminbasen führen. Diese mutierten DNA-Bereiche werden jedoch bei gesunden Menschen durch ein Reparaturenzym erkannt und beseitigt. Wie das Kurvendiagramm zeigt, ist die Wahrscheinlichkeit, an Hautkrebs zu erkranken, bei *Xeroderma Pigmentosum*-Patienten sehr hoch. Vermutlich können hier die UV-Schäden nicht repariert werden, weil das DNA-Reparaturenzym verändert ist und seine Funktion daher nicht mehr ausüben kann. Die durch die UV-Strahlung veränderte DNA kann daher nicht mehr korrekt abgelesen werden. Solche Schäden bezeichnet man als Genmutationen, welche wiederum die entsprechenden Proteine verändern.

B4 Erklären Sie, weshalb die Betroffenen auch als Mondscheinkinder bezeichnet werden!

Da *Xeroderma pigmentosum*-Patienten sehr empfindlich gegenüber Sonnenlicht sind, müssen sie die UV-Strahlung meiden. Sie können sich nur durch entsprechende Schutzkleidung schützen, oder wenn sie nachts unterwegs sind. Daher werden sie häufig auch als Mondscheinkinder bezeichnet.

B5 Erläutern Sie, weshalb *Xeroderma pigmentosum* häufig zu Krebs führt!

Bei der Hautkrankheit *Xeroderma pigmentosum* ist das DNA-Reparaturenzym defekt. Durch UV-Strahlung verursachte Mutationen können nicht beseitigt werden und der Anteil der Mutationen in den Zellen nimmt zu. Es können dabei auch Krebszellen entstehen und sich Hautkrebs entwickeln.

Untersuchung der DNA

Seite 98–101

1 Stellen Sie die PCR als Fließschema dar!

Schritt 1: Denaturieren – 95 Grad Celsius
Aufspalten der Wasserstoffbrückenbindungen zwischen den DNA-Strängen

↓

Schritt 2: Hybridisieren – 50 bis 60 Grad Celsius
Primer binden an die komplementären Sequenzen der DNA-Einzelstränge

↓

Schritt 3: Polymerisieren – 70 bis 75 Grad Celsius
Taq-DNA-Polymerase bindet an die Primer und synthetisiert einen neuen komplementären Strang

↓

Wiederholung des Zyklus von Schritt 1 bis 3 bis zur gewünschten Wiederholungszahl

2 Erläutern Sie die Bedeutung des Vergleichsstandards für die Gelelektrophorese!
Für die Bestimmung der Fragmentlänge einer Bande gibt es keinen universellen Maßstab. Die Bestimmung der Länge muss daher durch einen jeweils eigenen Maßstab erfolgen, der durch eine Probe mit bekannten Fragmentlängen hergestellt wird, den Längenvergleichsstandard.

3 Erläutern Sie die Eignung von Minisatelliten für die Erstellung von DNA-Profilen!
Innerhalb von Introns, Bereichen die nicht für Proteine codieren, treten oft sich wiederholende Basenabfolgen auf, die als Minisatelliten bezeichnet werden. Diese weisen oft vergleichsweise große Unterschiede zwischen einzelnen Individuen und auch zwischen den homologen Chromosomen eines Individuums auf. Sie bieten damit eine hohe Wahrscheinlichkeit, dass bei einem Vergleich von individuellen DNA-Profilen Unterschiede und damit Identifikationsmöglichkeiten zu erkennen sind.

Seite 102–103 (Material)

Material A – Chorea-Huntington-Gentest

A1 Nennen Sie die Testpersonen, bei denen ein mutiertes Huntington-Gen vorliegt!
Testpersonen 2, 3, 5, 6 und 7

A2 Erklären Sie, weshalb bei fast allen Familienmitgliedern zwei Banden auftreten und bei Testperson 4 nur eine!
Menschliche Zellen sind diploid. Es liegen also alle Gene beziehungsweise DNA-Regionen doppelt vor. Da die jeweiligen Ausprägungen der DNA-Abschnitte auf den beiden Chromosomen unterschiedlich sein können, liegen oft auch unterschiedlich lange CAG-Repeats vor, sodass sich bei der Auftrennung zwei Banden ausbilden. Da aber Mutter und Vater zumindest auf einem ihrer Chromosomen die gleiche Wiederholungszahl zeigen, kann es sein, dass das Kind von beiden Eltern die gleiche Zahl an CAG-Repeats vererbt bekommen hat. In diesem Fall ist bei der Gelelektrophorese nur eine Bande zu erkennen.

A3 Beschreiben Sie die Untersuchungsdaten zum Zusammenhang zwischen der CAG-Repeat-Länge und dem Alter der ersten Krankheitssymptome bei Chorea Huntington!
Das Diagramm zeigt die Abhängigkeit des Erkrankungsalter bei Chorea Huntington von der Anzahl der CAG-Wiederholungen.
Das Erkrankungsalter von Betroffenen mit 35 bis 40 CAG-Repeats liegt zwischen 60 bis 80 Jahren. Bei einer Zunahme der CAG-Repeats auf 40 bis 60 sinkt das Erkrankungsalter auf ca. 20 bis 50 Jahre. Liegen mehr als 60 Repeats vor, liegt das Erkrankungsalter bei unter 20 Jahren (60 bis 70 Repeats) bzw. bei unter 10 Jahre (70 bis 80 Repeats).

A4 Deuten Sie den in A3 beschriebenen Zusammenhang in Form einer „je mehr, desto…"-Aussage!
Je mehr CAG-Repeats vorliegen, desto früher tritt die Erkrankung auf.

A5 Entwickeln Sie eine Hypothese zur möglichen Erklärung des in A4 formulierten Zusammenhangs!
CAG-Repeats führen zu Defekten, die von Zellen repariert werden können. Je älter ein Mensch ist, umso leistungsschwächer sind diese Reparaturmechanismen. Steigt die Anzahl der Defekte durch eine erhöhte Anzahl der CAG-Repeats, tritt früher der Zeitpunkt ein, zu dem die Defekte nicht mehr erfolgreich korrigiert werden können. Hierdurch kommt es zu einem früheren Erkrankungsalter bei vermehrten CAG-Repeats.

A6 Anhand diagnostizierter CAG-Repeat-Längen können heute Prognosen zum voraussichtlichen Alter des Ausbruchs von Chorea-Huntington-Symptomen erstellt werden. Nennen Sie entsprechende Prognosen für den Vater Wilhelm (Testperson 2) und seinen Sohn Gabriel (Testperson 7)!
Das Erkrankungsalter des Vaters Wilhelm wird voraussichtlich zwischen 20 und 50 Jahren liegen. Bei Gabriel wäre eigentlich mit einem Ausbruch im Alter von unter 10 Jahren zu rechnen gewesen. Da Gabriel bereits 15 Jahre alt ist, ist der Ausbruch der Krankheit voraussichtlich innerhalb der nächsten 5 Jahre zu erwarten.

A7 Formulieren Sie in einer Zweiergruppe Argumente von Gabriel oder von Wilhelm zur Durchführung des Huntington-Testes!
Individuelle Schülerlösung.
Mögliche Argumente:
1. G: Ich möchte unabhängig von anderen entscheiden, ob ich den Test durchführe.
2. W: Wenn ich ein positives Testergebnis erhalte, wird das mein Leben bis zum Ausbruch der Erkrankung gravierend belasten.
3. G: Wenn ich ein negatives Testergebnis erhalte, wird es mein Leben sehr entlasten.
4. G: Wenn mein Ergebnis positiv ausfällt, belastet das auch meinen Vater, sodass ich meine Entscheidung nicht unabhängig von ihm fällen kann.

A8 Prüfen Sie mithilfe der Infobox, welches Ihrer Argumente ein Folgen-Argument und welches ein Rechte-Pflichten-Argument darstellt!
Individuelle Schülerlösung.
Argument 1: Rechte-Pflichten-Argument
Argument 2: Folgen-Argument
Argument 3: Folgen-Argument
Argument 4: Folgen-Argument

A9 Tauschen Sie sich mit einer Zweiergruppe aus, die zur jeweils anderen Position Argumente formuliert hat und diskutieren Sie gemeinsam; welche Argumente am meisten überzeugen und welche weniger! Begründen Sie diese Einschätzungen!
Individuelle Schülerlösung.
Zusatzinformation: Hier sind unterschiedliche Ansätze möglich. Rechte-Pflichten-Argumente können vor allem dahingehend geprüft werden, ob der Anspruch berechtigt ist (hier Entscheidungszuständigkeit). Folgenargumente sind vor allem dahingehend zu prüfen, wie zutreffend und vor allem relevant sie im Verhältnis zu den anderen Argumenten sind (Abwägung).

Material B – Restriktionskarte

B1 Geben Sie an, welche der Restriktionskarten aus dem Bandenmuster der Gelelektrophorese abgeleitet werden kann, und begründen Sie Ihre Auswahl!
Die 5 Restriktionskarte kann aus dem Bandenmuster abgeleitet werden. Aus der Summe der Fragmentgrößen ist abzuleiten, dass die Größe des behandelten DNA Abschnitts zwölf Kilobasenpaare beträgt. Daher ist die letzte Karte auszuschließen. Die Enzyme ApoI und NcoI haben jeweils eine Schnittstelle, das Enzym EcoRI hat zwei Schnittstellen, da bei der Behandlung mit ApoI und NcoI jeweils zwei, mit EcoRI aber drei Fragmente entstehen. Durch das Enzym ApoI wird die DNA in ein Stück von neun und ein Stück von drei Kilobasenpaaren Größe gespalten. Damit kommen nur noch die Restriktionskarten 2 und 5 in Frage, weil die jeweilige Schnittstelle für ApoI entsprechende Fragmentgrößen erstellt. Die Spaltung mit dem Enzym NcoI führt zu zwei Teilstücken von vier beziehungsweise acht Kilobasenpaaren Größe. Dies lässt sich ebenfalls mit den Karten 2 und 5 vereinbaren. Die Doppelspaltung mit ApoI und NcoI ergibt, dass deren Schnittstellen ein Kilobasenpaar voneinander entfernt sein müssen, weil ein bei den getrennten Behandlungen nicht vorkommendes Teilstück dieser Größe abzulesen ist. Daher kommt nur noch die fünfte Restriktionskarte in Frage. Auch das Ergebnis der Spaltung mit dem Enzym EcoRI bestätigt diese Schlussfolgerung, denn es spaltet die DNA in Teilstücke von sechs, fünf und einem Kilobasenpaar Größe.

Material C – Genetische Variabilität bei Thunfischen

C1 Stellen Sie die Gelelektrophoresebefunde zu den vier Thunfisch-Arten, wie in der Tabelle gezeigt, zusammen und kreuzen Sie jeweils die pro Art vorkommenden Banden an!

	120 BP	ca. 145 BP	ca. 150 BP	ca. 295 BP	ca. 310 BP	ca. 375 BP	ca. 600 BP	ca. 700 BP
Weißer Thunfisch	X				X	X	X	
Gelbflossen-Thunfisch		X	X	X	X			
Großaugen-Thunfisch		X			X		X	
Blauflossen-Thunfisch		X	X	X	X			X

C2 Ziehen Sie Schlussfolgerungen zu den Verwandtschaftsbeziehungen zwischen den Arten!
Die größten Übereinstimmungen der Fragmentlängen (fünf identische Banden: 145, 150, 295, 310, 700 BP) und damit die höchste anzunehmende Verwandtschaft liegt zwischen den Gelb- und Blauflossen-Thunfisch vor. Weniger eng verwandt mit diesen beiden Gruppen ist der Großaugen-Thunfisch, der zwei dieser Banden aufweist (145 und 310 BP). Der Weiße Thunfisch zeigt eine vergleichsweise geringe Verwandtschaft zum Gelb- und Blauflossen-Thunfisch mit einer gemeinsamen Bande (310 BP) und eine etwas höhere Verwandtschaft zum Großaugen-Thunfisch mit zwei identischen Banden (310 und 600 BP).

C3 Erklären Sie, weshalb für stammesgeschichtliche Verwandtschaftsanalysen mit Gelelektrophorese immer mindestens drei Arten betrachtet werden müssen!
Die verwandtschaftliche Nähe zweier Arten kann hierdurch nur im Vergleich betrachtet werden, da es kein absolutes Maß für Verwandtschaft liefert.

Mukoviszidose und PID

Seite 104–106

1 Stellen Sie in Form eines Fließdiagramms die Wirkkette vom Gen bis zu den Symptomen einer Mukoviszidoseerkrankung am Beispiel des ΔF508-Mutationstyps dar!

defektes CFTR-Gen (ΔF508-Gen)
↓
Wegfall einer Aminosäure in der Aminosäuresequenz
↓
Bildung eines defekten CFTR-Proteins
↓
defekter Chloridkanal
↓
Transport von Chlorid-Ionen in den extrazellulären Raum unterbleibt
↓
geringes Nachströmen von Wasser in den extrazellulären Schleim
↓
Schleim ist zähflüssig
↓
Symptome wie Hustenreiz und Atemnot bis hin zu Entzündungen des Lungengewebes und Zystenbildung

2 Erläutern Sie zu Abbildung 04, weshalb es bei einer ΔF508-Mutation nur zu einer Aminosäuredeletion kommt, obwohl sich die Mutation über zwei DNA-Tripletts erstreckt!
Durch die Mutation werden die beiden Basentriplets verändert, die für Ile (507) und Phe (508) codieren (-AUC-UUU- → AUU). Da es sich um eine Deletion von drei Basen handelt bleibt das Leseraster erhalten und es entsteht keine Missense- oder Nonsense-Mutation. Außerdem codiert das neu entstandene Basentriplet AUU wie die zuvor vorhandene Sequenz AUC für die Aminosäure Isoleucin und bleibt somit als stumme Mutation in der Aminosäuresequenz erhalten.

3 Nennen Sie die Unterschiede zwischen PND und PID!
Bei der PID erfolgt die genetische Analyse vor der Implantation und somit der Schwangerschaft. Die zu analysierenden Zellen werden dem Embryo im Blastozystenstadium aus den Trophoblasten, die später die Plazenta bilden, entnommen. Embryonen mit genetischem Defekt werden nicht zur weiteren Entwicklung implantiert und es kann auf andere gesunde befruchtete Eizellen zurückgegriffen werden.
Bei der PND erfolgt die genetische Analyse erst während der Schwangerschaft. Die zu analysierenden Proben können der Plazenta entnommen, oder aus dem mütterlichen Blut gewonnen werden. Wird ein genetischer Defekt diagnostiziert kann lediglich entschieden werden, ob die Schwangerschaft abgebrochen werden soll.

Seite 107 (Material)

Material A – Präimplantationsdiagnostik verbieten oder erlauben?

A1 Erläutern Sie, inwieweit die Methode der PID gegen das Embryonenschutzgesetz von 1990 verstößt!
Die PID führt zu einer Auslese von Embryonen, bei denen ein genetischer Defekt nachgewiesen wurde. Damit erfolgt die Diagnose nicht zum Erhalt der Embryonen. Dies verstößt gegen das Embryonenschutzgesetz.

A2 In Deutschland wird immer wieder die gesetzliche Freigabe von PID gefordert. Sammeln Sie mithilfe der Materialien Pro- und Kontra-Argumente! Übertragen Sie die erweiterte Zielscheibe vergrößert auf einen Plakatbogen! Tragen Sie die gesammelten Pro- und Kontra-Argumente stichwortartig in die entsprechenden Felder ein!
Individuelle Schülerlösung.
Beispiel für eine ausgefüllte, erweiterte Zielscheibe (Aufgaben A2, A3 und A4) siehe nächste Seite.

A3 Prüfen Sie die Argumente! Notieren Sie jeweils zu einem Argument Ihre eigenen Überlegungen, die das Argument stärken oder abschwächen! Durch Drehender erweiterten Zielscheibe kann jedes Gruppenmit glied zu jedem Argument Ergänzungen vornehmen.
Individuelle Schülerlösung.

A4 Gewichten Sie die Argumente! Diskutieren Sie die notierten Überlegungen beziehungsweise Begründungen pro Argument und notieren Sie ein entsprechendes Kreuz in der zentralen Zielscheibe!
Individuelle Schülerlösung.

A5 Entscheiden Sie sich in der Gruppe auf der Grundlage der vorgenommenen Gewichtungen für oder gegen eine Freigabe für PID!
Individuelle Schülerlösung.

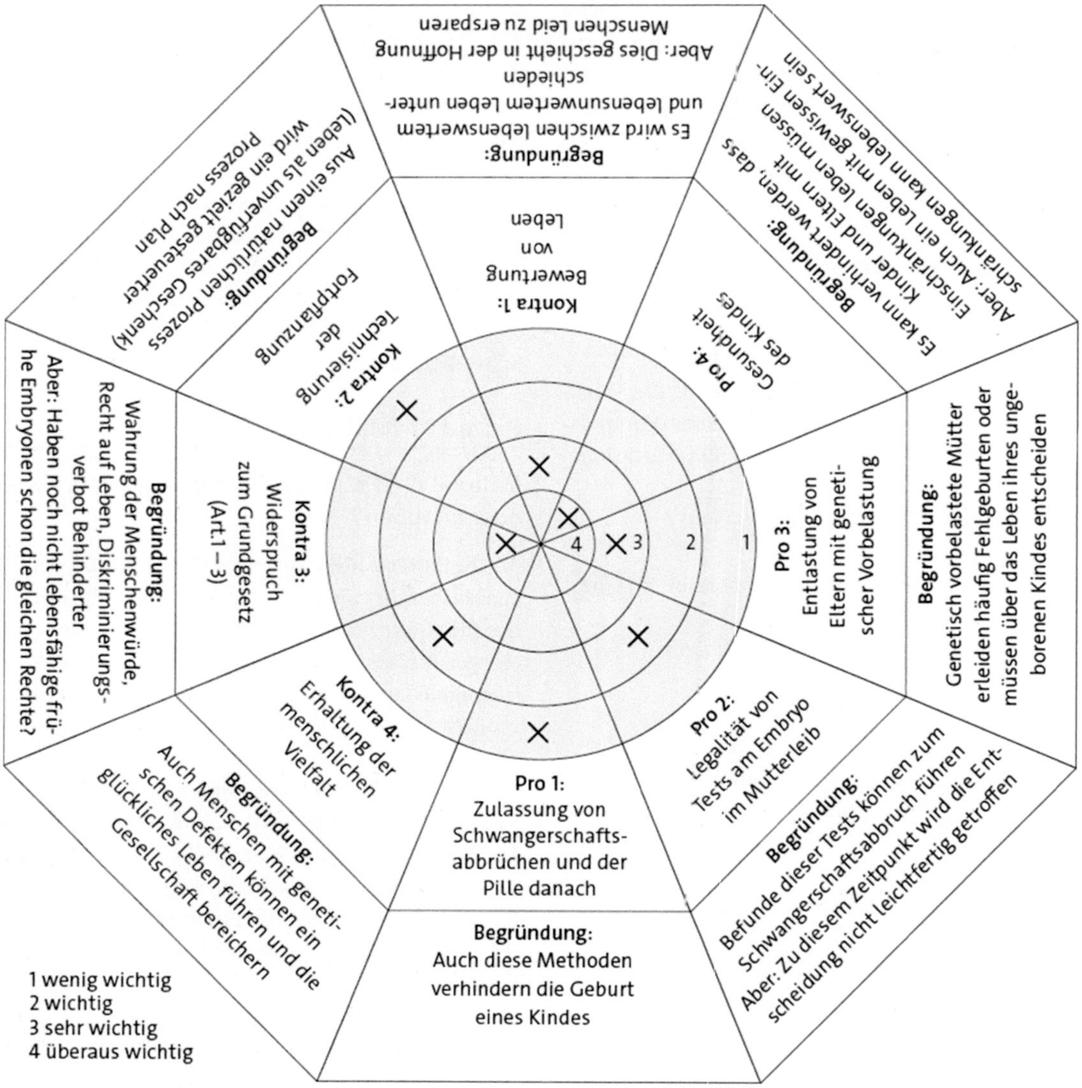

Bildquellenverzeichnis

Titel:
Mikroskopische Aufnahme eines Lebermoos Sprosses im UV-Licht:
Science Photo Library/Magda Turzanska

Seite 3:
Zelle in der Mitose:
Science Photo Library/Dr Lothar Schermelleh
Kondensiertes Chromosom:
F1online/3d4medical.com

Notizen:

Notizen: